図解ポケット

30分でわかる！
こ・れ・だ・け

はじめてのNISA［ニーサ］

宮﨑 哲也 著

秀和システム

はじめに

かつては、将来に備えるためにはとりあえず銀行に定期預金などをしておけば、安定的な資産運用ができました。しかし、近年、慢性的なデフレを背景に超低金利時代が長く続き、いまでは預金だけで資産運用できる時代ではなくなっています。

しかも、公的年金制度も少子高齢化が進む中、あてにできなくなり、老後資金の確保もままならない時代になってきました。

一方、政府は「預金から投資へ」の流れを推し進め、自己責任で老後に備える制度の整備に努めています。その一つがＮＩＳＡ（ニーサ：少額投資非課税制度）です。これは、年間の投資額が一定以下であれば非課税になる、という投資家にとってはおいしい制度です。

しかし、その正しい意味や活用法について簡潔かつ体系的に知ることはそれほど簡単ではありません。また最近ではジュニアＮＩＳＡ、つみたてＮＩＳＡといった新たな制度も始まるなど、適宜、制度改正が行われています。

そこで本書では、様々なＮＩＳＡの内容や手続きの方法、運用のコツや留意点などについて簡潔かつわかりやすく解説しています。

本書があなたの投資生活を豊かにする一助になれば大変うれしいです。

宮﨑　哲也

図解ポケット はじめてのNISA

第3章 NISAに関する手続きと留意点

第4章 NISAを上手に使いこなす方法

第5章 NISAで購入できる金融商品

第6章 投資の留意点

第1章

投資を始める前に考えておきたいこと

投資というと、あまりよくないイメージを持っている人も多いですが、お金を増やすためには有効な手段といえます。この章では、投資について一般的にいわれていることなどについて改めて考えてみたいと思います。

1-1 投資ってなんだろう?

POINT

投資とは「お金に働いてもらう」こと

使えるお金を増やす方法

使えるお金を増やすためには、一般的に三つの方法が考えられます。

一つめは、自分が働いてお金を稼ぐことです。

この場合、お金をたくさん増やすには、それだけ働く量を増やす必要があります。といっても、最近は働き方改革の一環として、なるべく残業させないようにする会社が増えています。副業をするにしても、一人が使える時間には限りがありますので、よほど効率のいい副業をしない限り、満足のいく収入を得るのは難しいかもしれません。

二つめは、節約すること。つまり、使うお金をなるべく少なくすることです。しかし、元から贅沢《ぜいたく》な暮らしをしている人なら、節約によって使えるお金を増やすこともできるでしょうが、そのような人はそう多くはありません。いずれにしても、生活にかなりの余裕がある人でなければ、少々節約をしても大した効果は期待できないでしょう。

そして三つめが、お金に働いてもらうことです。「お金に働いてもらう」とは、株やＦＸ、投資信託などの金融商品にお金を投資することです。

もちろん、投資にはリスクがつきものですから、絶対に損失が出ないとはいえません。しかし、安全第一を念頭に銀行に預金をしていても、現在のような低金利の時代ではお金はほとんど増えません。ましてマイナス金利の時代になると、減少することもないとはいえないでしょう。将来、必要となる資金のことを考えれば、できるだけ早い時期からなんらかの対策を講じておくことが必要です。

一方、これから投資について学び、きちんとリスク管理をしながら投資に取り組めば、大きな損失を回避しながら、少しずつ利益を積み上げていくことは可能です。

お金を増やす３つの方法

❶ 自分が働いてお金を稼ぐ

➡ 効率のいい副業をしないと、満足できる収入は難しい

❷ 節約する

➡ 生活に余裕がないと、効果は出にくい

❸ お金に働いてもらう（投資する）

➡ 絶対に損がないとはいえないが、銀行預金だけではお金は増えない

投資に大金は必要？

昔は、投資といえば、生活に余裕があるお金持ちがするというイメージが強かったものです。しかし、金融商品の種類にもよりますが、最近は、全般的に最低投資額が低下する傾向にあります。

例えば、ＦＸ（外国為替証拠金取引）の場合は、数百円から投資できる会社もあります。また、つみたてＮＩＳＡでも、毎月一〇〇円からの投資が可能です。缶ジュース一本ぶんより少ない金額で投資を始めることができるというわけです。

もちろん、投資額が少なければ、得られる利益もそのぶん、小さくはなります。とはいえ、初心者が、最初から大金を投じれば、不安が大きく、いつも投資のことで頭がいっぱいになってしまうかもしれません。投資では、まず、無理のない小額投資から始めるのが失敗しないコツの一つといえます。

投資は「一攫《いっかく》千金」の行為なのか？

「投資を始めようと思う」と家族や知人に相談すると、「そんな危ないことはやめたほうがいいよ」と反対されることがあります。

なぜ、投資に反対する人がいるかというと、投資をギャンブルだと思っているからです。しかし、それは必ずしも正しい考え方とはいえません。

ギャンブルは、「一攫千金」を狙う行為のことで、投じる金額にもよりますが、大金をつかみたいという思いで参加する人が多いでしょう。投資にもそのような面は確かにありますが、投資の場合は、じっくり時間をかけて利益を増やしていく場合が多いので、一攫千金を狙うとまではいえないです。

ギャンブルと投資は所得の種類が違う

もう一つ、ギャンブルと投資の違いを表しているのが所得の種類の違いです。ギャンブルで得た所得は一時所得に分類されますが、投資で得た所得は雑所得に分類されます。

一時所得と雑所得の分かれ目は、「射幸性《しゃこうせい》」の有無です。

射幸性とは、偶然の利益や成功を狙おうとすることです。確かにギャンブルで勝つためのコツや技術があるのかもしれませんが、基本的にはそのときの運で勝ち負けが決まります。

一方、投資は、一定の知識を身に付けたり、専門家の手を借りることで、一定の利益が期待できます。

このように、ギャンブルと投資は似て非なるものといえます。

1-2 投資が注目される理由

POINT 自分の身は自分で守る時代に

銀行預金はもはや資産運用の手段とはいえない

近年、私たちを取り巻く環境は目まぐるしく変化しています。

かつては、給料をもらったら、まず普通預金に預け、ボーナスをもらったら、その一部は定期預金に預けるという人が多かったようです。

貯金しておけば、何より盗難や紛失のリスクからお金を守れます。

しかも、バブル景気といわれた一九八〇年代後半から一九九〇年代前半は、金利が高く、普通預金でも二％程度、定期預金に至っては五～八％で設定されていたこともありました。

仮に一〇〇万円を定期預金に預けておけば、一年間で一〇五万～一〇八万円になった計算です。このように、預けておくだけで、ほとんどノーリスクで一定の金利を得ることができたので、かつては多くの日本人にとって銀行預金が最も安全かつ確実な資産運用法だったのです。

ところが、バブルが崩壊し、状況は大きく変化しました。

景気が停滞するたびに金利が下がり、近年は〇％近い超低金利が続いています。最近の定期預金の金利は一年間預けて〇・〇一％などという銀行がほとんどです。

先ほどの計算でいえば、一年間一〇〇万円を定期預金に預けても、たった一〇〇円しか増えないのです。残念なことに、今後当分の間、低金利政策が大幅に見直されることもないでしょう。

それでも日本ではいまだに、リスクの高い投資に走るよりは銀行預金が最も安全、と考えている人が圧倒的に多いのが現状です。

しかし、この考え方は必ずしも現実的ではありません。預金で寝かせているお金の価値は、将来、インフレが起こったりすれば、逆に目減りしてしまうからです。

資産運用に関する状況の変化

1980 年代後半～
1990 年代前半
→
金利高い
（普通預金でも 2%程度、
定期預金で 5～8%程度）

↓

100万円定期預金 → 1 年後 105万～108 万円

バブル崩壊後

100万円定期預金 → 1 年後 100万100 円

銀行預金は安全という誤解

また、二〇〇五年にペイオフが全面解禁されたあとは、基本的に一銀行当たりの預金総額のうちの一〇〇〇万円（およびその利息）しか保証されなくなってしまっています。

つまり、お金を銀行に預けたからといって、お金は増えるどころか、場合によってはその大半を失ってしまうこともないとはいえないのです。

いまや投資をある種の自己防衛手段とすべき時代が到来したといってよいでしょう。

近年、国を挙げて「預金から投資へ」のシステムづくりが進んでいます。ある程度は投資の心得がないと、資金の効率的運用ができず、ひいては老後に安定した生活が送れないような時代になっています。

二〇一九年一〇月には消費税率が引き上げられ、私たちを取り巻く生活環境はますます厳しくなっています。もちろん、まじめにコツコツ働くことは非常に大切ですが、それと共に投資で一定のお金をつくる手段を模索すべき時代になっていることは否めないでしょう。

1-3 老後に必要な資金はいくらくらい？

POINT

老後の収入や支出について考えておこう

投資には目的が必要

1-2節では、投資が注目される理由を述べました。ただし、やみくもに投資を始めても、思うような成果は見込めません。投資を始めるには、大まかでもよいので、目標を立てることが大切です。

もしあなたが、老後の資金を少しでも多く確保したいと思っているなら、まず、老後にどのくらいのお金が必要かを、ある程度具体的に考えておくことをおすすめします。

老後にかかるお金のこと

では、老後にどのくらいのお金がかかるのかを見てみましょう。

総務省の「家計調査」によれば、高齢夫婦（夫六五歳以上、妻六〇歳以上）の無職世帯の月々の支出額（二〇一八年）は、約二六万五〇〇〇円です。内訳は、食費が約三〇％、水道・光熱費が約八％などです。

二〇一九年一〇月に消費税率が引き上げられ、それにつれて物価も上昇しているので、生活費はさらに増加していくものと見られます。

一方、公的年金等の社会保障給付は、夫婦合わせて約二〇万円、その他の収入を加えても二三万円に届きません。つまり、毎月、四万円強の不足が出ている計算になります。年間で考えれば、その不足額は、五〇万円にものぼります。

日本人の平均寿命（二〇一八年）は、男性が八一・二五歳、女性が八七・三二歳です。仮に八五歳まで生きたとしたら一〇〇〇万円、九五歳まで生きれば一五〇〇万円が不足する計算になります。

もちろん、これらの金額は平均額であって、すべての家庭に当てはまるわけではありません。節約すれば、多少は支出を抑えることができるでしょうし、元気なうちは仕事を続けて収入を増やすことも可能かもしれません。

とはいえ、少なくとも社会保障については、先行きの見通しがいいとはいえません。

高齢夫婦無職世帯の家計収支（2018年）

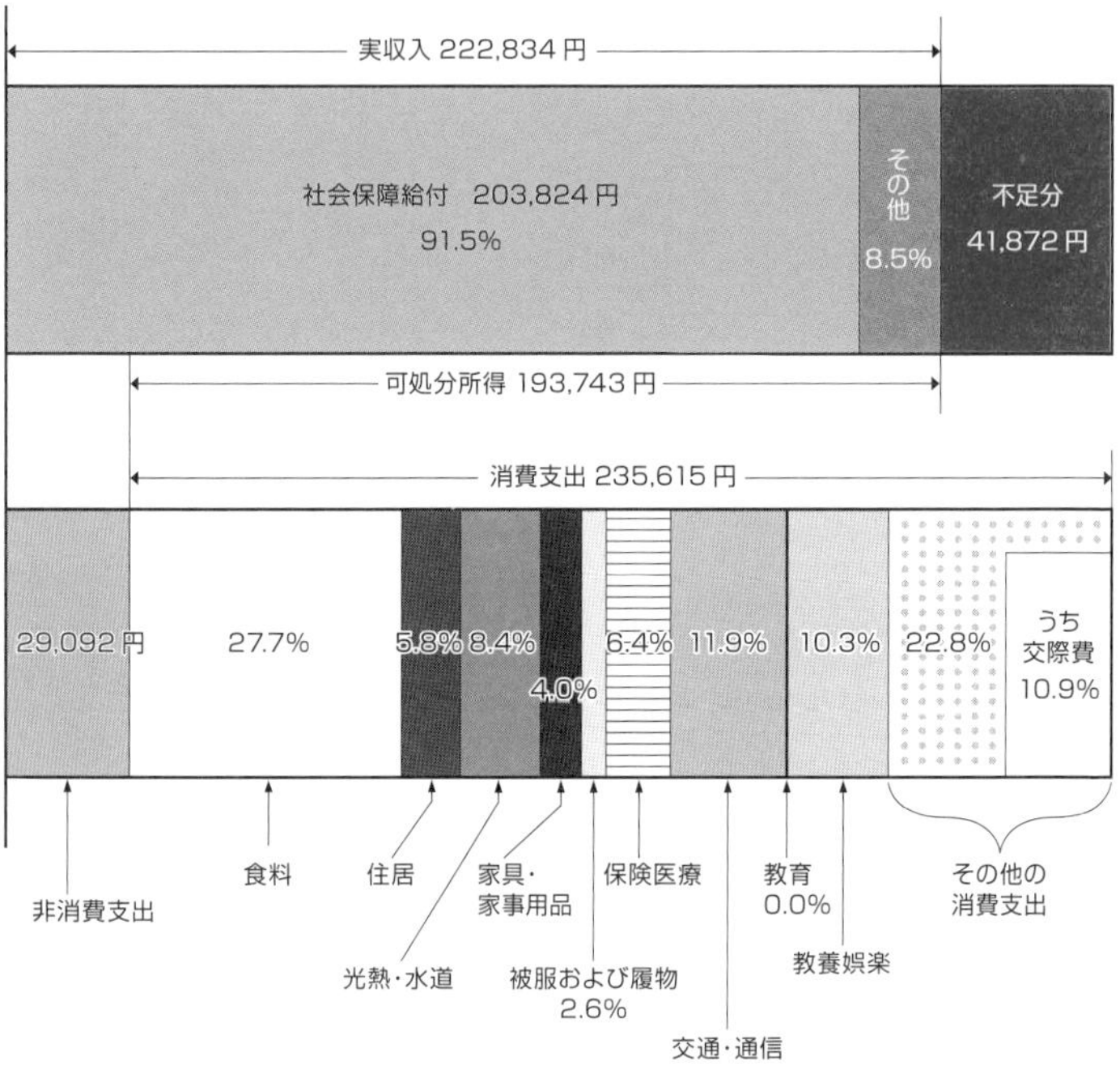

（注）1　高齢夫婦無職世帯とは、夫 65 歳以上、妻 60 歳以上の夫婦のみの無職世帯である。
2　図中の「社会保障給付」および「その他」の割合（%）は、実収入に占める割合である。
3　図中の「食料」から「その他の消費支出」までの割合（%）は、消費支出に占める割合である。
4　図中の「消費支出」のうち、他の世帯への贈答品やサービスの支出は、「その他の消費支出」の「うち交際費」に含まれている。

総務省「家計調査」より作図

中でも、年金については、年金制度改革関連法（二〇一六年）の成立により、政府は、今後、二〇四三年までに徐々に減額する方向で動いています。受給開始年齢も今後、だんだん遅くなっていくことは確実でしょう。

若くて健康なうちは、将来のことはそれほど考えないものですが、老後の資金は、いざ年をとってからつくろうと思っても、手遅れになることが多いのです。ある程度、若いうちからきちんと計画を立てて、老後の資金の準備を始めるべきでしょう。

1-4 金融商品の種類を知っておこう

POINT
最低必要金額やリスクの度合いなどに違いがある

　昔は、投資といえば株取引か商品先物取引が主流でした。しかしその後、外貨投資（FXなど）やCFD（差金決済取引）、ETF（上場投資信託）が登場、さらに最近では仮想通貨など、金融商品の種類は増え続けています。

　ここでは、最低必要額の多寡、リスク（危険性）やリターン（儲け）の程度などによって、大まかに金融商品の分類を行っておきます。なお本書では、銀行預金も金融商品と捉えています。

　まず、リスク・リターンの高低での分類では、次の三つのパターンがあります。

①ハイリスク・ハイリターンの投資対象

　ハイリスク・ハイリターンとは、損失を被るリスクが高いものの、思惑どおりに売買できれば、大きな収益が見込めることです。ハイリスク・ハイリターンの投資対象には、次のようなものがあります。

①株式投資
②ＦＸ（外国為替証拠金取引）
③商品先物《さきもの》取引
④ＣＦＤ（差金《さきん》決済取引）
⑤暗号資産（仮想通貨）　など

②ミドルリスク・ミドルリターンの投資対象

ある程度のリスクもありますが、その代わり儲けも悪くない投資対象です。ある程度の収益は欲しいけれど大きなリスクは負いたくない、という人に向いています。

①ＥＴＦ（上場投資信託）
②ＲＥＩＴ（リート：不動産投資信託）
③投資信託
④債券投資
⑤個人年金（ｉＤｅＣｏなど）　など

リスク・リターンと最低必要投資資金による金融商品の分類

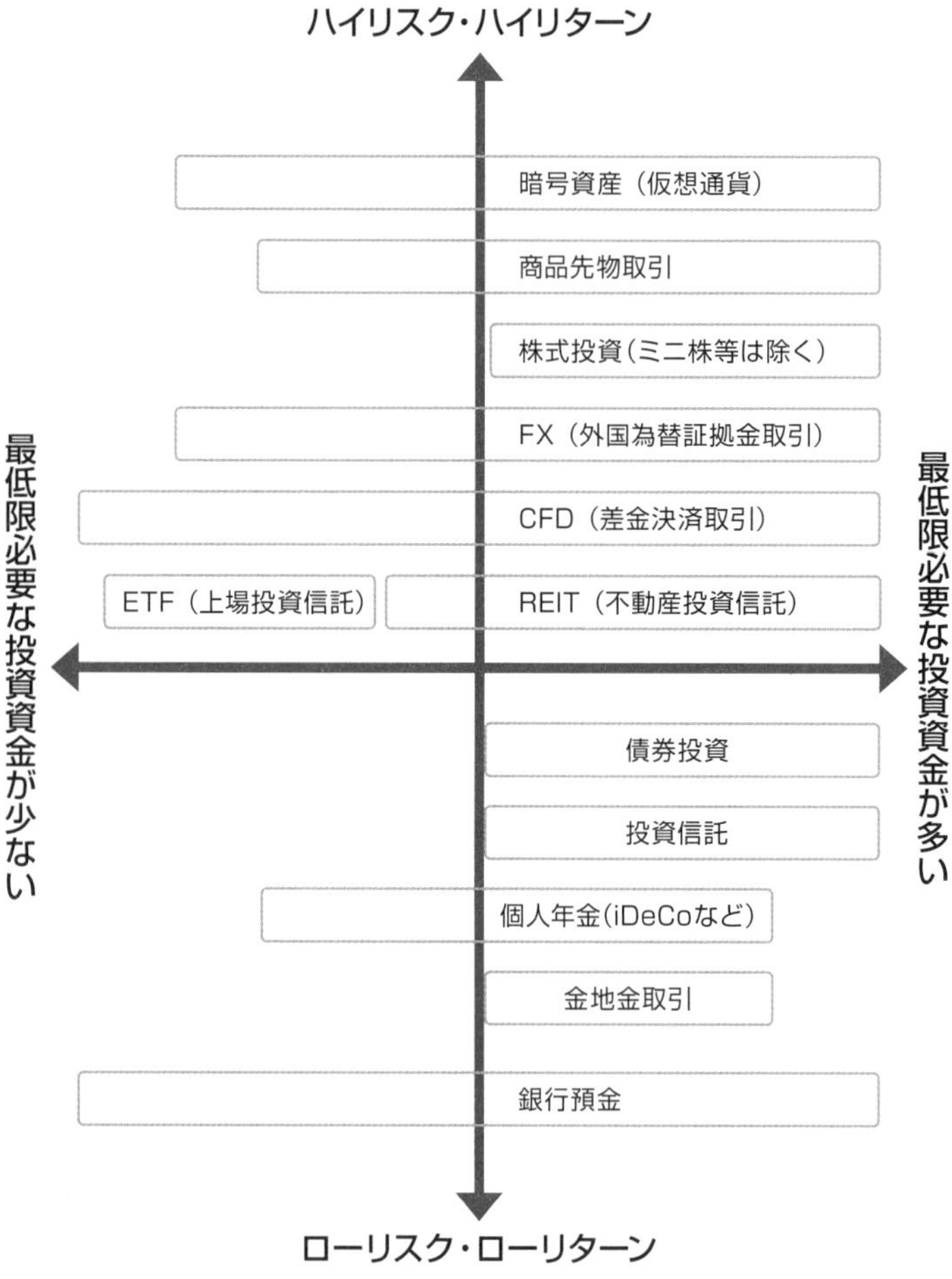

③ローリスク・ローリターンの投資対象

リスク、リターン共に低い投資対象です。生活費や老後資金、教育費など、絶対に失ってはいけない大事な資金の運用に向いています。

①金地金《きんじがね》取引
②銀行預金　など

前ページの図は、リスク・リターンの高低と最低限必要な投資資金とを組み合わせて、金融商品を分類したものです。

Column

NISAって、なんの略？

第2章で述べるとおり、NISAは「ニーサ」と読み、具体的には「少額投資非課税制度」を指します。

ただ、次のような素朴な疑問を持つ人もいるでしょう。

それは、「NISAは、なんの略なのか？」ということです。一般的に、アルファベットがいくつか並んでいる場合、複数の言葉の頭文字をつないでいることが多いです。

では、NISAの場合はどうかというと、まず頭のNはNippon（日本）を表しています。日本でISAが普及・定着するように、との願いが込められています。そのあとに続くISAはIndividual Saving Accountの略で、「個人貯蓄口座」のことです。これは英国で利用されている口座です。

NISAは、ISAを原型としています。そのため、導入当初は、「日本版ISA」と呼ばれていました。その後、NISAが正式な愛称となり、現在に至っています。

第2章

NISAとは何か?

最近、注目度が高まっているNISAですが、意外にきちんと説明できる人は多くないようです。そこでこの章ではNISAについて、後発の「つみたてNISA」「ジュニアNISA」も含めて解説します。

2-1 NISAってなんだろう？

POINT
NISAは一定の投資額まで非課税となる制度

二二〇万円まで非課税

NISA（ニーサ）とは、端的にいえば、「少額投資非課税制度」のことです。現在はつみたてNISAなどと区別するため一般NISAと呼ばれることもあります。

具体的には、一年間に投資額が一二〇万円までであれば投資で得られた利益に対する税金が免除される制度のことです。つまり、一二〇万円という非課税枠が設定された制度ともいえます。この非課税という恩恵を受けるために開設するのがNISA口座です。

NISAは、二〇一四年からスタートしました。開始時の非課税枠は一〇〇万円でしたが、二〇一六年に一二〇万円に引き上げられました。

ＮＩＳＡのメリット

ふつうは、投資で得られた利益に対しては、所得税が課税されます。税率は二〇％です。例えば、一〇〇万円の利益が出た場合、二〇万円は税金として差し引かれることになるわけです。しかし、ＮＩＳＡを利用すれば、年間投資額の上限こそあるものの、この二〇％の税金を引かれることがありません（次ページの図参照）。二〇％の税金が引かれるのとそうでないのとでは、収益に大きな差が出ることになります。

もちろん、非課税枠の一二〇万円は上限というだけですので、自分の資金状況に合わせて、例えば、半分の六〇万円ぶんの金融商品を買うといった使い方でもかまいません。

また、非課税枠の一二〇万円は一度使えば終わりではありません。「一年間に一二〇万円」ですから、一年で一二〇万円ぶんの投資を行っても、次の一年ではまた一二〇万円ぶんの非課税枠が与えられます。

また、上限があるのは投資額であり、利益ではありません。ということは、利益が大きくなるほどＮＩＳＡを利用する恩恵は大きくなるというわけです。

通常の課税口座とNISA口座の違い

	一般口座	NISA口座
投資額	金額に関係なく 課税	年間120万円まで 非課税
課税率	20%	0%

ＮＩＳＡは期間限定の制度

なお、この制度は、二〇一四年から二〇二八年まで*の期間限定です。

また、非課税となる期間は最長で五年と設定されています。ここでいう五年とは、投資を始めてから五年間です。制度の最終年である二〇二八年に金融商品に投資した場合も、最長で二〇三三年まで、ＮＩＳＡでの運用が可能となります。

いずれにしても、期間限定ですので、少しでも早く始めるほど、その恩恵を多く受けることができます。ぜひこの機会にＮＩＳＡの運用を考えてみるとよいでしょう。

***二〇二八年まで**　もともと二〇二三年であったが令和二年度税制改正で五年延長され、二〇二八年となった。ただし、二〇二四年以降は制度の内容が変更される。

上限枠は、毎年、設定される

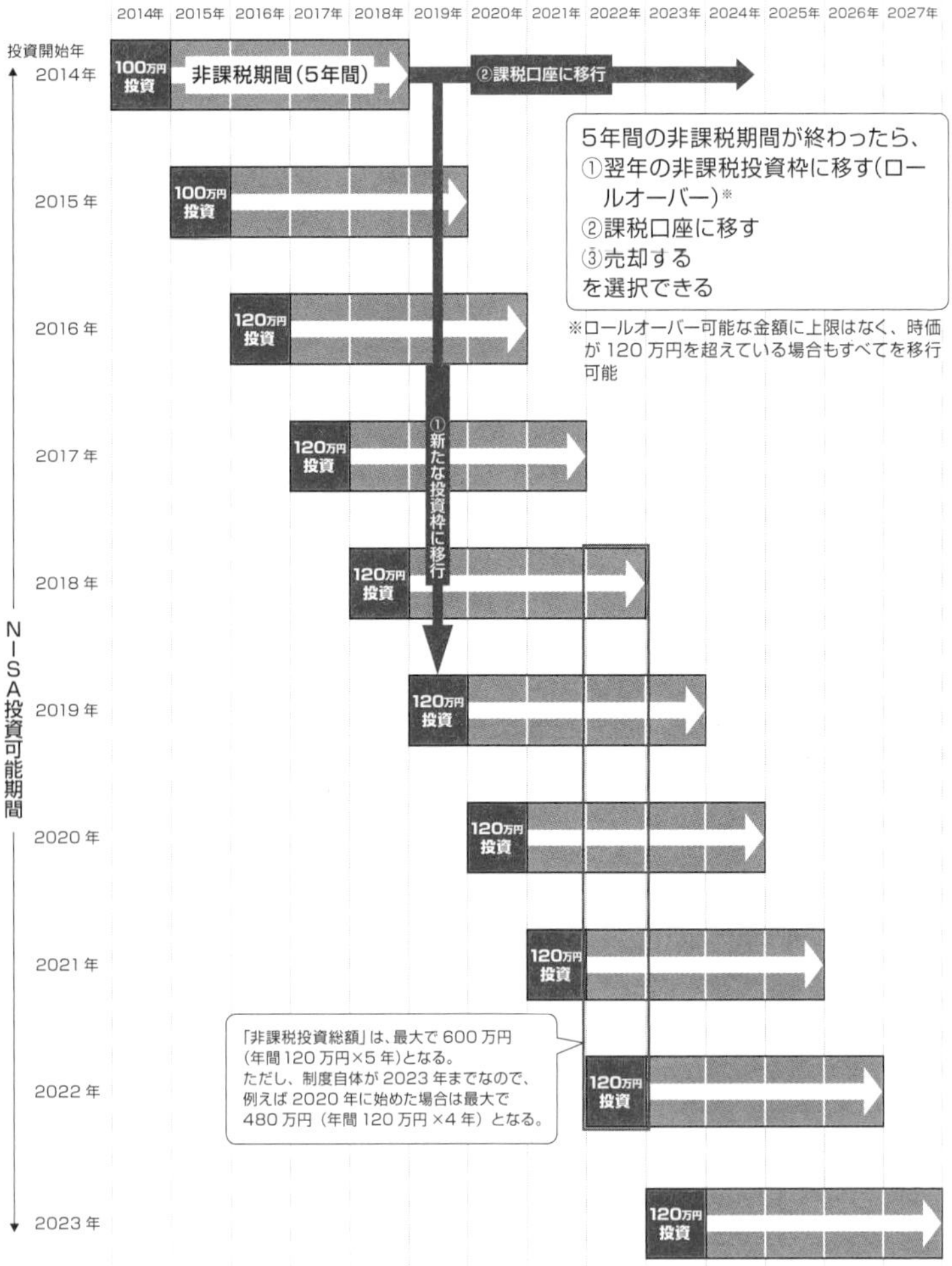
2014年 2015年 2016年 2017年 2018年 2019年 2020年 2021年 2022年 2023年 2024年 2025年 2026年 2027年
投資開始年
2014年
2015年
2016年
2017年
2018年
2019年
2020年
2021年
2022年
2023年
NISA投資可能期間
100万円投資
非課税期間（5年間）
②課税口座に移行
①新たな投資枠に移行
120万円投資
5年間の非課税期間が終わったら、
①翌年の非課税投資枠に移す（ロールオーバー）※
②課税口座に移す
③売却する
を選択できる
※ロールオーバー可能な金額に上限はなく、時価が120万円を超えている場合もすべてを移行可能
「非課税投資総額」は、最大で600万円（年間120万円×5年）となる。

ただし、制度自体が2023年までなので、例えば2020年に始めた場合は最大で480万円（年間120万円×4年）となる。

2-2 人気が高まるＮＩＳＡ

POINT ＮＩＳＡの口座開設数は右肩上がり

ＮＩＳＡ口座数の推移

ここまでの説明を通じてＮＩＳＡ口座の内容を知り、「非課税ならやってみようかな」と思った人も多いと思います。でも、その一方で「本当に、多くの人がＮＩＳＡをやっているのだろうか？」と疑問を持つ人もいるかもしれません。

ここでは、どのくらいの人がＮＩＳＡを始めているかを確認しておきましょう。

2-1節でも述べたとおり、ＮＩＳＡが始まったのは二〇一四年です。開始当初（二〇一四年三月末）のＮＩＳＡ口座数は、六五〇万口座でした。その後、口座数は着実に増えていき、開始から三年後の二〇一七年六月末には一〇九〇万口座と約一・七倍の伸びとなっています。さらに、二〇一九年六月末には、約一一六二万口座*となっています。

NISA口座は原則として、一人につき一つの口座しか開設できません。ということは、一〇〇〇万人強の人がすでにNISA口座を持っているということになります。

つまり、日本の人口から考えると約一〇人に一人、就業人口でいえば、約六人に一人はNISA口座を持っている計算になるわけですから、いかにNISAが広まっているかがうかがえます。

買い付け額も大きく伸びる

NISAは口座数の伸びと共に、買い付け額も大きな伸びを見せています。具体的には、二〇一五年三月末時点では四・四兆円だったのが、翌二〇一六年の三月末には七・八兆円と二倍近い伸びを示しています。

その後も伸び続け、二〇一七年三月末には約一〇・五兆円となりました。さらに、二〇一八年にはつみたてNISAも加わり、順調な伸びを見せています。

＊約一一六二万口座　https://www.fsa.go.jp/policy/nisa/20190920/01.pdf

NISA（一般・つみたて）口座数および買付額の推移

（2018 年 3 月末時点）

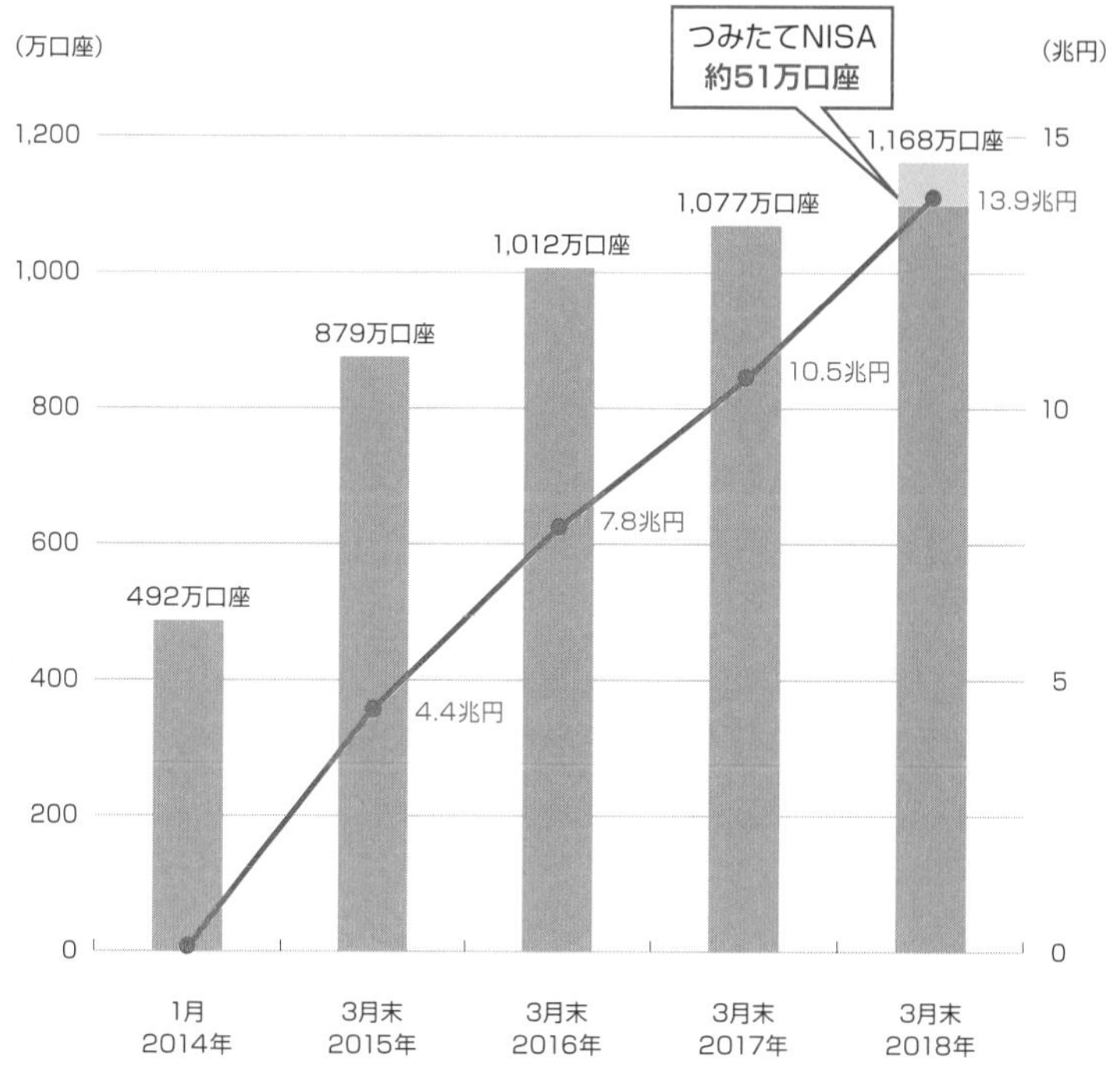

（注）2018年3月末以降の口座数および買付額は、同年1月のつみたてNISA開始に伴い、一般NISAとつみたてNISAの合計値を表示。

出典：金融庁「NISA（一般・つみたて）の現状（平成30年7月）」
https://www.fsa.go.jp/policy/nisa/20180702-1/01.pdf

ジュニアNISA、つみたてNISAも開始後急激に拡大

二〇一四年にスタートしたときにはNISAのみでしたが、その後、二〇一六年一月には「ジュニアNISA」が始まり、二〇一八年一月には「つみたてNISA」が始まりました。

このようにNISA自体が多様化したこともあり、利用者は急激に増加しました。

ジュニアNISAについては、二〇一六年三月末には七万八千口座*程度でしたが、二〇一九年六月末時点の口座数は約三三万にのぼり、三年間で実に四倍以上の伸びを示しています。

つみたてNISAについては、二〇一八年三月末には五一万口座であったのが、二〇一九年六月末時点では約一四七万になっています。約一年で三倍近く伸びていることになります。つみたてNISAは、自分が好きなときに引き出せるため、積み立て預金の感覚で買い付けができますので、今後もさらに口座数が伸びていくことが予想されます。

＊**七万八千口座**　（金融庁　https://www.fsa.go.jp/policy/nisa/20160708-1/01.pdf）より。

2-3 NISAの種類

POINT 現行のNISAは三種類

それぞれの違いを簡単に知っておこう

2-2節で少し述べたように、NISAは、最初に開始されたNISA、未成年者向けのジュニアNISA、そして、つみたてNISAの三種類があります。本書では便宜上、先に開始されたNISAを「一般NISA」と呼びます。

一般NISAとジュニアNISAとでは加入対象の年齢が違っているというのは自明ですが、それ以外にもいろいろな違いがあります。

また一般NISAとつみたてNISAも、いくつか相違点があります。

それぞれの違いについては、あとで詳しく説明しますが、簡単な違いを知っておいたほうが理解しやすいと思いますので、それぞれの特徴をザックリとですが、表にまとめておきます。

３つのNISAの特徴

	一般NISA	つみたてNISA	ジュニアNISA
利用できる人	日本に住んでいる20歳以上の人	日本に住んでいる20歳以上の人	日本に住んでいる0～19歳の人
運用できる期間	５年間	20年間	５年間
最低投資額（金融機関によって異なる）	100円～	100円～	100円～
１年間の投資可能額	120万円	40万円	80万円
資金の引き出し	いつでも可能	いつでも可能	原則18歳になるまで引き出し不可

2-4 一般NISAとつみたてNISAの違いは？

POINT 共通点と相違点を見ておこう

二〇一八年からつみたてNISAがスタート

すでに述べたように、二〇一四年にNISAが開始されたときには、いわゆる一般NISAのみでしたが、二〇一八年からはつみたてNISAの制度がスタートしました。

一般NISAとつみたてNISAは、投資で得た利益に対して非課税となる点は同じです。しかし、異なる点もありますので、簡単に整理しておきましょう。

一般NISAとつみたてNISAの相違点

相違点① 年間の非課税枠

どちらも非課税枠が設定されていますが、一般NISAの上限枠が一年で一二〇万円に設定されている一方、つみたてNISAは、一年で四〇万円となっています。

可能です。

相違点②　運用期間

運用期間も違っていて、一般ＮＩＳＡは五年となっていますが、つみたてＮＩＳＡは、二〇年の運用が可能です。

相違点③　金融商品の購入時期

金融商品を購入する時期については、一般ＮＩＳＡは投資家が購入時期を任意に決めることができる一方、つみたてＮＩＳＡでは、積み立て、つまり毎月決まった金額で金融商品を購入する方法しかとれません。名前のとおりですね。

相違点④　購入できる金融商品

一般ＮＩＳＡとつみたてＮＩＳＡでは、対象となる金融商品も違っています。一般ＮＩＳＡでは、上場株式や投資信託をはじめ、ＥＴＦやＲＥＩＴ（1-4節参照）などの購入が可能です。

以上述べたように、一般ＮＩＳＡとつみたてＮＩＳＡには、いくつかの違いがあります。非課税枠では一般ＮＩＳＡのほうが大きいので得なように感じるかもしれませんが、運用期間はつみたてＮＩＳＡのほうが長く設定されているので、一長一短があるというべきでしょう。

一般NISAとつみたてNISAの比較表

	一般 NISA	つみたて NISA
非課税枠	120 万円／年	40 万円／年
運用期間	5 年	20 年
購入時期	任意のタイミングで OK	積み立てのみ
購入できる金融商品	上場株式、投資信託、ETF、REIT 等	一部の投資信託や ETF

もちろん、一般ＮＩＳＡも購入方法は自由なので、つみたてＮＩＳＡと同じように毎月定額で買い付けることは可能です。しかし、運用期間が五年しかないので、基本的に五年以内に売却して利益を確定させるか、引き続き運用するなら課税は口座に移す必要があります。あるいは「ロールオーバー（移管）」を行うことで五年間は非課税期間を延長できますが、それでも合計で一〇年です。この点だけに着目すれば、運用期間が二〇年のつみたてＮＩＳＡ口座での運用には大きな利点を感じる人も多いことでしょう。

いずれにしても、大事なことは、それぞれの特徴を活かして自分のスタイルに合った口座を選択することです。

2-5 ジュニアNISAの注意点は？

POINT
口座開設者と運用者が違う

ジュニアNISAの対象者

すでに述べたとおり、NISA口座（つみたてNISA含む）は、二〇歳以上でないと開設できません。しかし、二〇一六年に開設されたジュニアNISAでは、口座を開設できるのは逆に一九歳以下に限られます。

ジュニアNISAの非課税枠は、一年間に八〇万円が上限です。ただし、運用期間は五年間に設定されていますので、八〇万円×五年間で、合計四〇〇万円まで金融商品の買い付けが可能となります。

運用者と引き出し時期に注意

ジュニアＮＩＳＡがほかのＮＩＳＡと大きく違う点は、二つあります。

一つめは、未成年者が口座を開設することはできますが、実際に金融商品の買い付けなどの運用ができるのは、名義人本人ではなく親権者（父母や祖父母）だということです。

二つめは、引き出しの時期が、名義人本人が一八歳になってから、ということです。言い換えれば、名義人本人が一八歳になるまでは引き出しができません。

引き出しができる年齢の下限が一八歳に設定されているという点で、ジュニアＮＩＳＡは、子どもや孫の大学進学やそれ以降に必要となる資金の準備を目的としているといえます。

例えば、幼稚園に通っている年齢の子どもの高校進学の学費をつくろうとジュニアＮＩＳＡ口座を開設して、利益が出ていても、現実には高校の学費には使えないということです。この点にはくれぐれも注意しておきましょう。

2-6 NISA口座はどんな人が開設できる？

POINT NISAを始めるのに特別な資格は不要

NISA口座を開設できる条件

ここまでの説明を読んで、NISAにいろいろメリットがあることはわかったけれど、果たして自分にできるだろうか？　と不安に思う人もいるかもしれません。

しかし、NISA口座の開設や金融商品の運用は決して難しくはありませんし、特別な資格も不要です。NISA口座は、日本国内に住んでいて、二〇歳以上であれば、誰でも開設できるのです。また、〇歳から二〇歳未満の未成年者であれば、ジュニアNISAを利用できますので、事実上、年齢の制限もないということになります。

ただし、NISAでは銀行口座や証券口座のように複数の口座を開設することはできません。一人が開設できる口座は一つのみです。非課税口座であるため、複数持ちたいと思うかもしれませんが、開設時に税務署が二重開設できないようにチェックする仕組みになっています。

すでに投資をしている人もNISAはできる?

本書は、投資の初心者を主な対象としていますが、NISA口座自体は、当然、投資経験者でも開設できます。

例えば、総額五〇〇万円の投資をする場合、NISAの上限額である一二〇万円ぶんはNISA口座で運用し、それ以外の三八〇万円は、課税口座(NISAではない通常の口座)で運用するということも可能なわけです。

あるいは、五〇〇万円のうち四〇〇万円をつみたてNISAにすることもできます。

というわけで、すでに投資を始めていても一般NISA、あるいはつみたてNISAの口座の申し込みは可能です。

ただし、注意点がいくつかあります。

繰り返しになりますが、一人が同時期に開設できるNISA口座は一つです。一般NISAまたはつみたてNISAのいずれか一方を選んで開設しなければなりません。

また、NISA口座を開設する前に購入していた株式や投資信託などの金融商品については、NISA口座に移すことはできません。さらにいえば、普通に課税される口座とNISA口座の利益や損失を通算(差し引き計算)することもできませんので、注意が必要です。

NISAができる人はどんな人？

特別な資格は不要！

20歳以上
（20歳未満はジュニアNISA）

1人1口座のみ

すでに投資を
していてもOK

ただしふつうに課税される
口座との損益通算は不可

一般NISAとつみたてNISAの選択チェックシート

2-6節で述べたとおり、一般NISAとつみたてNISAの口座は、同時に保有することができません。それぞれのNISAの特徴は2-4節で説明したとおりですが、それでも、どちらにするか迷ってしまうという人もいることでしょう。

そこで、簡易的なチェックシートを考えました。選択時の参考になれば幸いです。

1．毎月、投資に使える金額は？ ①2～3万円　②4～10万円
2．興味がある金融商品は？ ①投資信託などリスクが低いもの　②株式やETFなどにも興味あり
3．投資情報（株価やニュースなど）の収集に使える時間は？ ①時間はあまりない　②ある程度の時間はとれる
4．投資の知識は？ ①かなり少なく勉強する時間もない　②豊富ではないが勉強したい
5．投資でつくった資金の使い道は？ ①主に老後資金として使いたい（長期） ②具体的な使い道がある（3～5年以内）

いかがでしたか？　①と②の数を比べて、①のほうが多い場合は、つみたてNISAのほうが向いていると考えられます。一方、②のほうが多い場合は、一般NISAが向いていると考えられます。

第3章

NISAに関する手続きと留意点

NISAを始めるときは、専用の口座を開設するのですが、銀行口座などを開設するのと比べ、少し複雑な手続きが必要になります。この章では、NISAを始めるときの手続きと留意点などを説明します。

3-1 NISA口座は「セット」でつくる

POINT

NISA口座は、証券口座などとセットで開設

NISA口座のみの開設はできない

ＮＩＳＡは、ＮＩＳＡ口座を開設して行うことは間違いないのですが、実際にはＮＩＳＡ口座だけを開設することはできません。ＮＩＳＡを始めるには、まず、金融機関を選定して、その機関での口座を開設しなければなりません。

例えば、あなたが、ＮＩＳＡを証券会社で始めたいなら証券口座を、銀行や信託銀行で始めたいなら投資信託口座をまず開設するというわけです。

銀行の預金口座は、身分証明書や印鑑などを持って窓口に行けば、基本的に当日の開設が可能です。しかし、証券口座や投資信託口座の場合は、開設できるのは早くても翌日で、一週間から一〇日ほど要する金融機関も珍しくありません。

ＮＩＳＡ口座の開設を申し込めるのは、証券口座等が開設できたあとになります。ＮＩＳＡ口座の開設にかかる期間は、金融機関によって違いますが、一般的に一〇日～二週間程度は見ておく必要があります。この点も踏まえて、投資の計画を立てるようにしましょう。

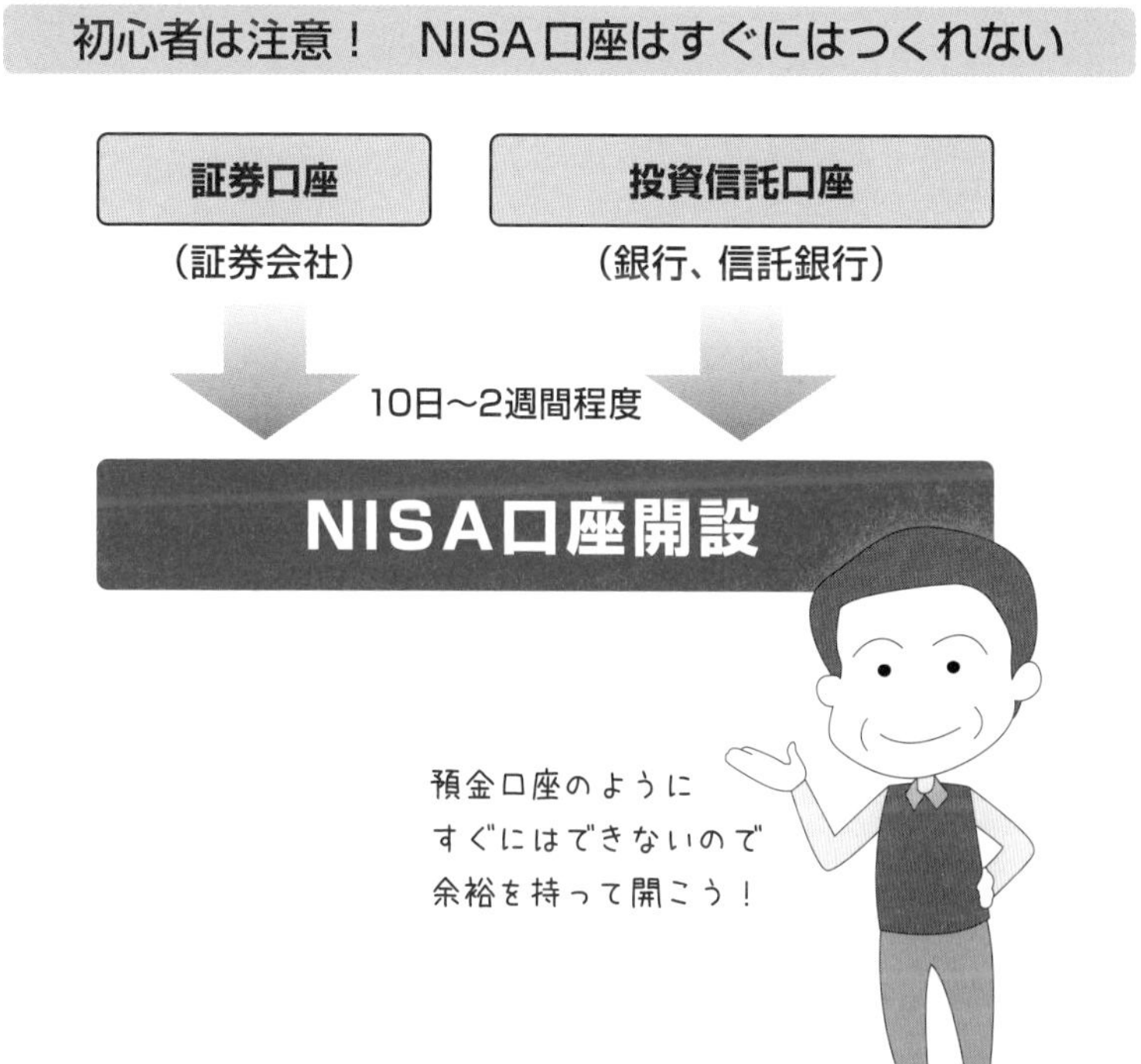

3-2 NISA口座開設の手順を理解しよう

POINT

NISA口座開設の流れは二通りある

NISA口座の開設の流れ

口座開設までの主な流れは、次のとおりです。

❶金融機関を選択する
❷選択した金融機関に口座開設を申し込む
❸税務署による二重口座チェックが行われる
❹NISA口座の開設を完了
❺NISA口座で取引開始（金融商品の買い付けを始められる）

それぞれについて詳しく見ていきましょう。

❶金融機関を選択する

NISAを取り扱っている金融機関には、証券会社や銀行・信託銀行のほか、投資会社、郵便局などもあります。

選択の基準は様々ですが、あらかじめ複数の金融機関を比較してみることをおすすめします。比較サイトを利用してみてもよいでしょう。あるいは、手始めに、預金口座を開設している金融機関に問い合わせてみるのも一つの方法です。

選択した金融機関の口座（銀行の場合は投資信託口座）がない場合は、口座を開設しておきます。

❷選択した金融機関に口座開設を申し込む

オンライン開設の場合は、申し込みフォームに入力し、必要書類（本人確認書類、マイナンバー確認書類）をアップロードします。郵送で申し込む場合は、口座開設書類を取り寄せ、到着後に記入して、必要書類のコピーを添えて金融機関宛てに郵送します。

❸税務署による二重口座チェックが行われる

税務署により、申し込んだ金融機関以外に一般NISAまたはつみたてNISAの口座が開設されていないか、チェックが行われます。

スマホでも見やすいNISA取扱金融機関の比較サイト

■評価ポイントもあわせて読んでみよう

初心者向け。手数料が安いなどタイプ別のランキングを表示

いろいろと使ってみるといいよ！

https://kabu-rakuraku.net
NISA口座に超おすすめネット証券ランキング

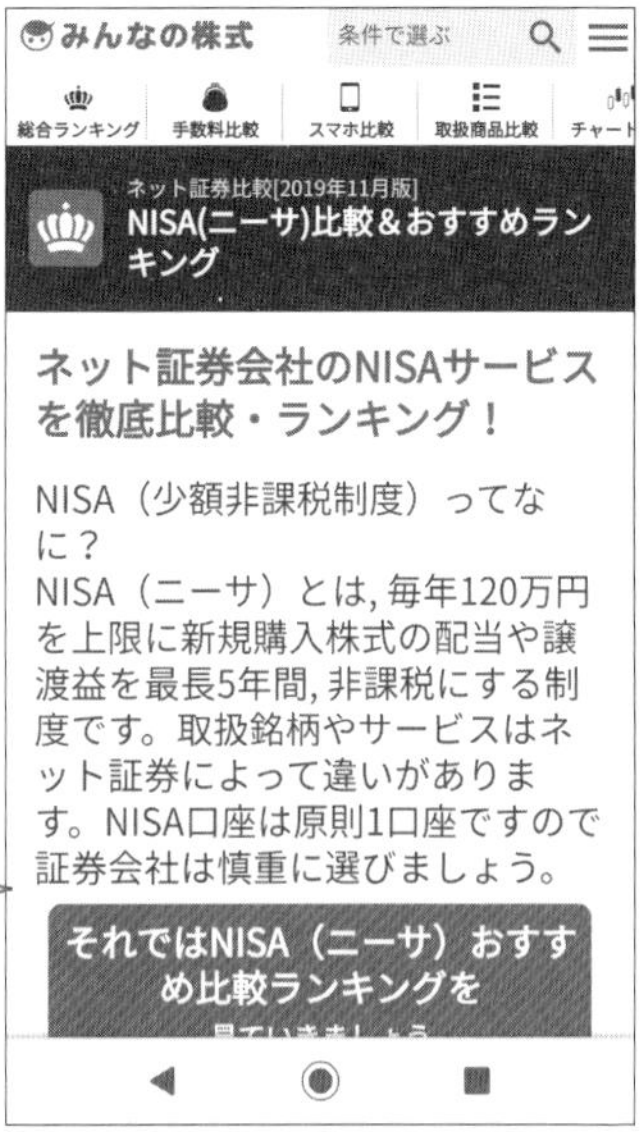

取引商品がわかりやすく、PC やスマホ対応についても記載

https://s.minkabu.jp
NISA比較＆おすすめランキング

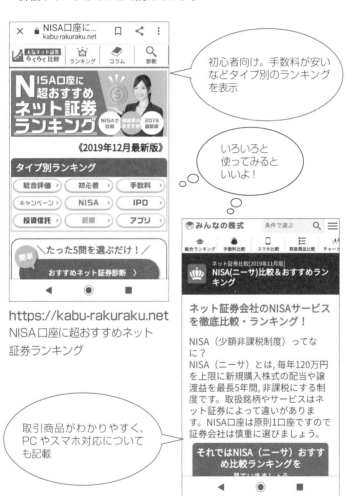

❹NISA口座の開設を完了

他の金融機関にNISA口座が開設されていないことが確認されたあと、開設の手続きが完了します。

❺NISA口座で取引開始

NISA口座を通じて金融商品の買い付けができるようになります。

NISA口座開設までの期間が短縮

従来は、NISA口座を開設する際、金融機関に開設の申し込みをしたあと、金融機関での事務処理や税務署による二重口座チェック（ほかの金融機関でNISA口座を申し込んでいないかどうかの確認）をしたあと、ようやく口座の開設ができていました。

そのため、申し込みから取引が開始されるまでの期間が二〜三週間に及んでいました。

すでに説明したとおり、NISA口座は一人で一つしか持てませんので、確認が必要なことは、手続き上、仕方のないことかもしれません。とはいえ、利用者にとっては、口座開設に日数がかかると、それだけ時間的ロスが生じることは否めません。

そこで二〇一九年一月から、税務署による確認を待たずに口座を開設できるよう、制度変更が行われました。これにより、申し込みから取引開始までの時間が大幅に短縮されました。

といっても、口座開設後に税務署による二重口座チェックはしっかりと実施されますので、この時点では「仮開設」という扱いになります。他の金融機関にＮＩＳＡ口座がなければ、そのまま取引続行となります。

しかし、仮に利用者の二重口座が判明した場合には、金融機関は、買い付け済みの金融商品について、「買い付け日にさかのぼって」一般口座に切り替えることになります。

ただし、ここで述べた期間短縮の制度の有無は、金融機関によって違いますし、実際に取引が可能になるまでの期間もやはり金融機関によって異なります。

具体的な手順や所要日数などは、申し込み時に金融機関に問い合わせて確認しておきましょう。

3-3 一般NISAで買える金融商品

POINT
金融商品のメリットとデメリットを知っておこう

一般NISAで買い付けできる主な金融商品

NISAで取り扱っている主な金融商品は、①株式、②ETF、③REIT、④投資信託の四つです。それぞれの特徴を簡単に見ておきましょう。

❶株式

一般NISAでは、国内株式と海外株式の両方の購入が可能です。

株式は従来、長期投資型の金融商品でしたが、ネット取引が普及してからは、短期的な売買を行う投資家が大幅に増えました。株式市場は値動きが比較的大きいため、一般NISAで買える金融商品の中では、株式が最も短期投資に向いているといえます。

ただし、値動きが大きいということは、それだけリスクも大きいということでもあります。ですから、初心者のうちは、少額から始めるほうが無難といえるでしょう。

❷ETF

ＥＴＦは、基本的に、株価指数や商品価格、商品指数などに連動するようにつくられています。例えば、日本で有名な**株価指数連動型上場投資信託**の場合、**日経平均株価**や**TOPIX**（東証株価指数）といった特定の株価指数に連動するように設計されています。

日経平均株価に連動するＥＴＦに投資した場合、日経平均株価が安いときに買っておき、高くなったところで売れば、その差額が利益となるわけです。

したがって、他の金融商品と同じく価格変動リスクはあるのですが、取引所に上場されているために価格がつかみやすく、取引時間中はいつでも取引できるというメリットがあります。さらに平均株価や株価指数に連動するということは、投資家は意識していなくても結果的に複数の会社に分散投資することになります。

このように考えると、ＥＴＦは株式投資のように自由に売買できて、それでいながら投資信託のような分散投資効果も見込めるという点で、初心者にはうまみのある投資対象といってよいでしょう。

❸ＲＥＩＴ

一般ＮＩＳＡでは、ＲＥＩＴ（リート）の購入もできます。ＲＥＩＴとは、端的にいえば、投資家から資金を集めてオフィスビルやマンション、商業施設等の不動産に投資し、不動産を通じて得られる家賃収入や売却して得た利益などを投資家に配分する金融商品です。

ＲＥＩＴは、もともと米国で生まれたシステムですが、日本の証券取引所に上場しているＲＥＩＴはＪ-ＲＥＩＴ（ジェイ・リート：**日本版不動産投資信託**）と呼ばれています。

第1章で紹介したとおり、ＲＥＩＴはミドルリスク・ミドルリターンに分類されます。つまり、ある程度のリスクがある金融商品だと認識されているわけです。その意味では、初心者にはやや不向きの金融商品といえます。

ただし、Ｊ-ＲＥＩＴの分配金は、先に述べたように、不動産の家賃収入などが原資となっています。また、投資先は複数にわたっていますので、その点では比較的安定しているといえるでしょう。

❹投資信託

投資信託とは、優秀なプロのファンドマネジャーを擁する運用会社が複数の投資家から資金を集めて、それをまとめて大きな資金（信託財産）にして、株や債券などで運用する仕組みのことです。そして、その結果得られた利益が投資額に応じて投資家に分配される仕組みになっています。

投資信託は、運用会社が資金を運用するので、投資家は基本的にはいわばほったらかしで、その利益が得られるのを待つだけとなります。

もちろん、運用会社が運用に失敗すれば、元本割れの可能性もあります。ただし、運用会社は投資のプロの集団です。しかも、株式、債券、不動産、金、石油など、複数の投資対象に資金を分散投資します。

したがって、リスクも分散されるので、株式投資や商品先物取引などよりは、かなりリスク限定的な商品と見ることもできるでしょう。

3-4 つみたてNISAで買い付けできる金融商品

POINT 厳選された投資信託が対象

つみたてNISAで買えるのは投資信託のみ

3-3節で述べたとおり、一般NISAでは、主に株式、ETF、REIT、投資信託などが購入できます。購入ができない金融商品もありますが、それでも複数の種類から選ぶことができます。ですから、金融商品の知識をある程度持っている人は、複数の中から購入する金融商品を選べる一般NISAのほうが向いていると考えられます。

一方、つみたてNISAで購入できるのは、投資信託とETFのみです。ETFも投資信託の一種ですから、事実上、投資信託のみということになります。しかも、金融庁が指定した一五〇本ほどの投資信託*に限られています。

*…**投資信託**　二〇一九年一〇月時点で指定された投資信託は、金融庁のウェブサイトで見ることができます。https://www.fsa.go.jp/policy/nisa/20170614-2/26.pdf

なぜ、投資信託に限定しているのかというと、つみたてＮＩＳＡが長期の投資を目的としているからです。

例えば、一般ＮＩＳＡでは株式を購入できます。株式を発行しているのは企業ですので、その企業の業績が悪化すれば、当然、株価も下落します。また、最悪の場合、上場廃止となることもないとはいえません。その場合、大きな損失が出るだけでなく、投資の継続も難しくなります。

そこで、こうしたリスクを回避するために、金融庁は、信託報酬が比較的安く、分配金がない投資信託に絞って購入対象としているわけです。

分配金がない投資信託は、一見、不利なように見えますが、運用益を投資家に分配せずに再投資するということなので、そのぶん運用資産が増え、複利的な効果、つまり、長期に運用することで資産が雪だるま式に増大することが期待できます。

これらのことから、金融商品の知識に乏しく、どれを選べばよいかよくわからないという人は、つみたてＮＩＳＡのほうが向いているといえます。

3-5 一般NISAとつみたてNISAは両立できるのか？

POINT 同時に両方の口座は持てないが、切り替えは可能

切り替えの方法

一般NISAとつみたてNISAは、年ごとにどちらかを選択する決まりになっています。一度、一般NISA口座を開設したら、その後は絶対につみたてNISA口座を開設できない、なんてことはありませんのでご安心ください。また、区分変更に料金はかかりません。ただし、いくつか注意点があります。ここでは、先に開設した一般NISA口座からつみたて口座への切り替えを想定して、簡単に整理しておきます。

❶同じ金融機関で切り替える場合

金融機関は変えずに、口座だけを一般NISAからつみたてNISAに切り替えたいときは、金融機関から書類（非課税口座異動届出書など）を取り寄せて、区分変更の手続きを行います。

❷別の金融機関で口座を開設する場合

別の金融機関でつみたてＮＩＳＡ口座を開設したい場合は、まず、一般ＮＩＳＡ口座を開設している金融機関に変更届出書を提出します。すると、折り返し、勘定廃止の証明書が送付されてきます。次に、つみたてＮＩＳＡ口座を開設したい金融機関にその証明書と口座開設届出書を提出します。マイナンバーのコピーも求められますので、忘れずに提出しましょう。

切り替えのタイミング

すでに保有しているＮＩＳＡ口座で、その年に金融商品を一度も購入していない場合は、手続きが完了次第、新しく開設したほうのＮＩＳＡ口座を通じて金融商品を購入できます。

また、もしその年にすでに金融商品を購入している場合は、新たに開設した口座を利用できるのは、翌年の一月以降になります。

年が切り替わってすぐに利用を開始したい場合は、前年の九月までに金融機関に切り替えを申請したうえで、一二月までに手続きを終えておきましょう。

すでに購入している金融商品の取り扱い

切り替え前のＮＩＳＡ口座で購入した金融商品については、非課税期間終了まで、引き続き運用が可能です。

例えば、二〇一七年に一般ＮＩＳＡ口座（元口座）で金融商品を購入していたとすれば、非課税期間が終了するのが二〇二一年です。

この場合、二〇一九年に新たなつみたてＮＩＳＡ口座を開設したとしても、非課税期間が終了するまでは並行して元口座の金融商品を運用することができます。

もちろん、切り替えの手続きと共に金融商品を売却したり、通常口座に移管することも可能です。しかし、せっかくの優遇制度なので、特に問題がなければ、五年ぎりぎりまで非課税の恩恵を受けるほうが得策といえるでしょう。

切り替えたほうがいいかどうかの判断

切り替えができるという話をすると、「じゃあ、一般ＮＩＳＡの口座を持っているけど、つみたてＮＩＳＡに替えたほうがいいのかな」と思う人も少なからず出てきます。もちろん、切り替えたほうがよい人もいるでしょうが、誰もがそうとは限りません。

では、切り替えをすべきかどうかは、どのように判断すればよいでしょうか。

判断基準の一つに投資スタイルがあります。一般ＮＩＳＡ口座を開設したものの年間の購入額が四〇万円を常に下回る人や、安定性を重視してコツコツと積み立てていきたいという人は、つみたてＮＩＳＡに切り替えたほうがよいかもしれません。

一方、購入額が大きくて年間の投資額が四〇万円を超えてしまう人や、投資信託だけでなく株式やＲＥＩＴなど多彩な金融商品を購入したい人は、一般ＮＩＳＡ口座のほうが向いているといえます。

要するに、それぞれの口座の特徴をよく見比べたうえで、切り替えるかどうかを決めることが大切なのです。

一般NISA口座からつみたてNISA口座への切り替えの手順

同じ金融機関で切り替える

❶ 金融機関から書類を取り寄せる

▼

❷ 区分変更の手続きをする

別の金融機関で口座を開設する

❶ 一般口座を開設している金融機関に変更届出書を提出

▼

❷ 金融機関から勘定廃止の証明書が送付されてくる

▼

❸ つみたてNISA口座を開設したい金融機関に「❷の証明書＋口座開設届出書＋マイナンバーのコピー」を提出

切り替え後の口座を
どこで持つかによって、
手順が違うんだね

Column

NISAとiDeCoの違いは？

時代を経るにつれ、金融商品の種類は増えてきました。違いをきちんと説明できる人は少ないようです。NISAとiDeCoも、それぞれの言葉は聞いたことはあっても、なんとなく同じようなものかな、などと思っている人も多いかもしれません。

しかし、内容を見ると様々な違いがあります。そこで、簡単に6つの視点で比較しておきます。

1．年間投資額の上限

年間投資額は、一般NISAは年間120万円、つみたてNISAは40万円が限度です。

iDeCoの場合、職業や加入している年金にもよりますが、14万4000～81万6000円です。投資額を増やしたい場合は、NISAが適しているということになります。

2．課税

一般NISA、つみたてNISA、そしてiDeCoのいずれも運用益については非課税です。ただし、拠出する資金は、iDeCoでは所得控除の対象となりますが、一般NISAとつみたてNISAでは所得控除ができません。

3．資金の途中引き出し

資金については、iDeCoの場合、60歳まで引き出せませんが、一般NISA、つみたてNISAは、いつでも資金を引き出せます。ただし、非課税枠の再利用はできないので注意が必要です。

NISAとiDeCoの違い

	一般 NISA	つみたて NISA	iDeCo
年間投資額の上限	120 万円	40 万円	14 万 4000 ～ 81 万 6000 円
課税	運用益については非課税 資金の拠出については所得控除の対象外	運用益については非課税 資金の拠出については所得控除の対象外	運用益については非課税 資金の拠出については所得控除の対象
資金の途中引き出し	いつでも引き出し可能 非課税枠の再利用はできない	いつでも引き出し可能 非課税枠の再利用はできない	60 歳までできない
投資の最低額	100 円	100 円	5000 円
損益通算	できない	できない	できない
運用期間	5 年	20 年	加入から 60 歳まで（10 年間延長可能）
運用できる商品	株式、ETF、REIT、投資信託	投資信託、ETF	定期預金、投資信託、保険など

4. 投資の最低額

一般NISA、つみたてNISAは最低100円から投資を始めることができます。iDeCoは最低5000円からの投資です。

5. 損益通算

運用時に出た損益については、iDeCo、一般NISA、つみたてNISA共に損益通算はできません。

6. 運用期間

運用期間は、iDeCoは加入から60歳までですが、10年間延長可能です。一般NISAは5年、つみたてNISAは20年です。

7. 運用できる商品

iDeCoの場合、定期預金、投資信託、保険などに投資できます。一方、一般NISAは株式、ETF、REIT、投資信託に投資できます。つみたてNISAは投資信託とETFが投資対象です。

投資信託はiDeCo、一般NISA、つみたてNISAのいずれでも購入できますが、それ以外については、それぞれ違いますので、よく確認しておきましょう。

第4章

NISAを上手に使いこなす方法

NISAは、投資家にとって有利な制度ではありますが、さらに有利にするためには様々なコツがあります。この章ではNISAを上手に使いこなすための方法について述べます。

4-1 NISA口座は、どこで開くべきか？

POINT

それぞれの特徴を考慮した選択を

幅広い金融商品に投資したいなら証券会社

一般NISA、あるいはつみたてNISAのどちらの口座を開設するかを決めたら、今度は、金融機関の選定が必要になります。

主な選定のポイントとしてまず考えられるのは、取り扱っている金融商品の豊富さです。

金融商品については、一般NISAの場合、株式やETF、REITなどの購入が可能です。これらの購入を考えている場合は、証券会社で口座を開設するほうがよいでしょう。なぜなら、証券会社以外の金融機関のほとんどが、投資信託のみを取り扱っているからです。

手数料の安さも重要なポイント

ＮＩＳＡに限ったことではありませんが、投資では、売買等にかかる手数料を考慮しておかなくてはなりません。

株式に投資する場合は、売買委託手数料が必要です。また、投資信託の場合は、販売手数料、信託報酬、信託財産留保額（投資信託を解約する際に投資家が支払う費用）がかかってきます。

ただし、手数料については、必ずかかるということではなく、金融機関によって設定は違います。ＮＩＳＡ口座で得られた収益については非課税ですので、すでに十分なメリットはあるのですが、せっかくなら少しでもお得に運用したいものです。その意味で、手数料は見逃せないポイントの一つといえます。

スマホユーザーなら、ネット証券がおすすめ

最近は、パソコンよりスマホで調べ物や銀行振り込みなどの手続きをするという人が増えているようです。投資の世界でも、スマホで取引できる金融機関が増えています。

特にネット証券は、株式の売買や情報収集のできるアプリが充実しているところが多いので、できるだけスマホで取引をしたいというなら、ネット証券がおすすめです。

4-2 積み立てるメリットって何？

POINT 積み立てると結果的に購入価格を下げられる

ドル・コスト平均法

積み立てるということは、あらかじめ決めておいた金額で定期的に金融商品を購入し、資産を積み上げるものですが、この方法を**ドル・コスト平均法**といいます。

ちなみに日本の金融商品を買っても、円コストではなく、「ドル・コスト」といいます。なぜなら、このドル・コスト平均法は、英語でDollar cost averagingという米国由来の投資手法だからです。

ドル・コスト平均法は、分散投資の一手法と考えられています。投資信託は、基準価額（一口当たりの金額）が毎日変動しますので、これを利用するのです。

例えば、選んだ投資信託を、毎月決まった日に一万円ぶん買っていく方法があります。

このように分けて買った場合には、結果的に基準価額が異なる金融商品を買ったことになります。つまり、基準価額ごとの分散投資となるわけです。

一度に五万円買った場合と、五回に分けて一万円ずつ買った場合を比べてみましょう（図参照）。

購入時の値段はそれぞれですが、後者（図下段）の場合は、ドル・コスト平均法により購入価格が平均化されることになります。

一方、数回に分けて買うため、一回で五万円ぶん買うより売買手数料を多く取られますので、その点も考慮してドル・コスト平均法をとるかどうかを検討する必要があります。

一括購入とドル・コスト平均法

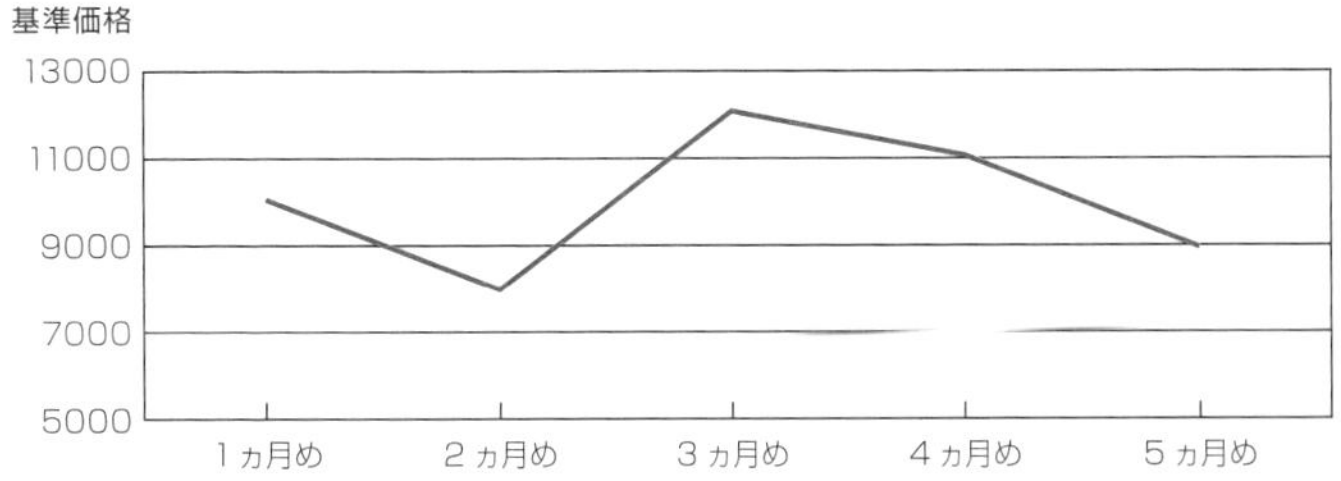

	1ヵ月め	2ヵ月め	3ヵ月め	4ヵ月め	5ヵ月め	合計	平均購入額(10000口)
基準価額(10000口)	10000円	8000円	12000円	11000円	9000円		
一括購入(一度に50000円分購入)	50000口	0口	0口	0口	0口	50000口	10000円
	50000円	0円	0円	0円	0円	50000円	
ドル・コスト平均法(10000円ずつ購入)	10000口	12500口	8300口	9000口	11000口	50900口	9823円
	10000円	10000円	10000円	10000円	10000円	50000円	

4-3 リバランスでポートフォリオを維持する

POINT ポートフォリオ*を見直す機会

定期的にポートフォリオを見直そう

複数の投資信託を運用している場合、最初にある程度の投資配分比率を決めておくことがあります。例えば、国内株式型に二五％、国内債券型に二五％、海外株式型に二五％、海外債券型に二五％といった具合です。こうした投資配分、すなわちポートフォリオは、リスク分散の観点から、長期的に一定に保つほうがよいという考え方があります。

ところが、投資信託はややハイリスク・ハイリターンな面がありますので、例えば、国内株式が安定している中、海外株式だけが高騰するといった事態も十分あり得ることです。

これはそれ自体、投資信託全体の資産額が増えるのでいいことには違いないのですが、外国株式型の投資信託の配分だけが大きくなり過ぎて、リスク分散を目的に当初十分検討のうえ決めたポートフォリオが崩れてしまうことになります。

そこで、これを避けるためには、例えば、海外株式型を少し減らし、そのぶん、海外債券の割合を増やすなどして、元のポートフォリオに戻すことが必要となります。このような、ポートフォリオを当初決めたパターンに戻す行為は、**リバランス**（バランスを元に戻すという意味）と呼ばれています。

もちろん、リバランスは絶対に行わなければならないというわけではありませんが、当初の慎重に決めた運用方針を大切にしたい場合には検討すべきでしょう。

＊**ポートフォリオ**　投資信託や株式などの金融商品の組み合わせのこと。

4-4 ときどき情報をチェックする

POINT 長期投資でも、ときどきはチェックすることが大切

一般ＮＩＳＡあるいはつみたてＮＩＳＡにおいては、投資信託など、どちらかといえばリスクが低めの金融商品が購入対象となっています。

投資信託は、長期投資型の金融商品ですので、短期的な市場の値動きに一喜一憂して、何度も変更することはおすすめできません。

ただし、投資信託に関する手数料等の変更もないとはいえないので、ときどき、ウェブサイト（ホームページ）などでチェックしておきましょう。運営管理手数料が割安となった場合にも、運用商品の切り替えの検討はすべきでしょう。

一見わずかな手数料の差に思えても、数十年単位で考えれば、将来、受け取れる総額に大きな差が生じることがあるからです。

　また、これまでにないタイプの新たな投資信託が追加されることもあります。その場合には、その投資信託のメリット、デメリットを含めた特徴、あるいは運営管理費用などをしっかり確認しておきましょう。

　投資の世界では、ＡＩ（人工知能）の活用などを通じて、時代の要請に応じた様々な金融商品が開発され、次々に市場に投入されています。自分に合った特徴を持つ投資信託が手数料も割安で登場しているとしたら、見過ごす手はありませんね。

4-5 年齢に応じたポートフォリオの変更も検討する

POINT ポートフォリオは状況によって変更可

ポートフォリオの考え方

運用する金融商品のポートフォリオは、一般論としては、開始当初に慎重に検討したうえで、長期的に維持することがよいとされています。しかし、若い頃と受け取りが近づく老齢期とでは、ポートフォリオの方針に違いが出てもおかしくはないでしょう。

なぜなら、老齢期に差しかかると、すでに持病を抱えてしまっていたり、親の介護が始まったりして、現実的かつ安定的な老後の生活を強く意識することにならざるをえないからです。

例えば、三〇～四〇代の頃は多少のリスクをとっても、元本変動型の比較的ハイリスク・ハイリターンな金融商品の比重を大きくし、五〇代以降は定期預金や保険商品などの元本保証型の金融商品の比重を大きくするといった具合です。

もちろん、一気にポートフォリオを切り替えるというよりも、徐々にハイリスクの投資信託からローリスクの投資信託へ、あるいは元本変動型商品から元本保証型商品へと比重を移していくかたちをとることが一般的といえるでしょう。

投資信託の場合には、海外株式や海外不動産といった、為替も含めた変動幅が大きい商品よりも、国内株式や国内債券など、変動幅が小さい商品への切り替えを進めることを検討すべきかもしれません。

4-6 上手な金融商品選びのコツ

POINT 流動性・安全性・収益性に着目しよう

流動性・安全性・収益性に着目しよう

つみたてＮＩＳＡでは、購入できる金融商品は一部の投資信託に限られていますが、一般ＮＩＳＡでは、株式やＥＴＦ、ＲＥＩＴなど複数の種類の中から金融商品を選ぶことができます。

金融商品の選択にあたっては、いくつかの基本的なチェックポイントがありますが、中でも次の三つが特に重要だといえるでしょう。

流動性　安全性　収益性

流動性とは、売買や換金（現金に換えること）のしやすさです。

必要に応じて自由に売買や換金ができる金融商品ほど、流動性が高い投資対象といえます。

身近な例で、普通預金と定期預金を比べてみましょう。普通預金に預けたお金はいつでも好きなときに払い戻してもらえますが、定期預金に預けた場合は、一年の定期預金なら一年間、三年の定期預金なら三年間は、原則として払い戻してもらえません。つまり、定期預金より普通預金のほうが流動性は高いといえます。

ほかに流動性が高い金融商品には、ＮＩＳＡの対象ではありませんが、金地金《きんじがね》があります。世界各国どこでも共通の価格で、いつでも売買（換金）できるからです。

安全性とは、端的にいえば元本保証があるかどうかです。

例えば、日本の銀行に日本円で預金をした場合、元本は一応保証されていますので、安全性は高いということになります。

ただし、その銀行が倒産したら、**ペイオフ**＊の関係上、基本的に元本は一〇〇〇万円までしか保証されません。また外貨預金においては、**為替相場**（為替レート）の変動によって、円換算では元本割れの可能性もあるので、注意が必要です。

＊**ペイオフ**　預金保険制度に加入している金融機関が破綻した場合に、一金融機関につき預金者一人当たり一〇〇〇万円までの元本とその利息を保険金として預金保険機構が預金者へ支払う制度。二〇〇五年四月より全面解禁された。

しかも、日本円の普通預金を何十年持っていても、いまのような超低金利では、預金はほんの少ししか増えません。それどころか、**インフレ**になれば、実質的な通貨価値は目減りします。

インフレとは、通貨価値の下落にともなう物価上昇現象です。物価が上昇した場合でも、預金の名目上の金額は減りませんが、物価の上昇に見合った金利の上昇がなければ、結局、実質購買力の面では損をしたことになってしまいます。つまり、インフレ期に定期預金を持ち続ければ、それだけで、実質的には自分の財産を減らしていることになるのです。

そこで、金融商品を選ぶ際には、**収益性**も重要となってきます。銀行預金は、流動性や安全性に優れていますが、収益性については、優れているとはとてもいえません。

一方、ＦＸ、ＣＦＤ、商品先物取引などは、基本的には買った値段と売った値段（あるいは売った値段と買った値段）の差額が利益の源泉となります。

しかも、証拠金取引＊ですから、小額の資金でも、大きな額の取引が可能です。相場が自分の意図する方向に大きく動くほど、利益も大きくなります。したがって、これらの商品には高い収益性が備わっているといってよいでしょう。

＊**証拠金取引**　証拠金（保証金）を業者に預けることで、その金額を上回る金額の取引ができる投資手法。

しかしその一方で、高い収益が見込める（ハイリターンの）金融商品は、リスクが高い、つまりハイリスク・ハイリターンの性質があるということです。

したがって、高い収益性が備わっているものの、安全性は相対的に低いと考えられるのです。

優先するポイントを決めておこう

これまで述べたように、金融商品を選ぶには主に三つのポイントがあることがわかりました。

ただし、おわかりのように、三つすべてに優れている金融商品はありません。流動性と安全性は高くても収益力で劣っていたり、反対に、収益力には優れていても安全性は低い、という具合です。

そこで、金融商品を選ぶ際には、どれを優先するかをまず決めることが大切です。

例えば、部屋を探すときのことを考えてみてください。

部屋を探すとき、なかなか簡単にいかないのは、自分が想定している家賃と部屋の条件が折り合わないからです。

あるマンションは、駅には近いが、家賃が高く、部屋が狭い。また別のマンションは、家賃はリーズナブルで、部屋も広々としているが、駅からあまりに遠い、といった具合です。いずれの条件も揃ったマンションは、よほど特別な事情がない限り、なかなかないものです。

そんなとき、あなたはどうしますか？

そうです。どれかの条件を優先し、ほかには目をつぶっているはずです。

例えば、駅から近いことを優先して、家賃は多少高くでも我慢する、とか、家賃はやはり抑えたいので、「駅から遠くてもしょうがない、毎日歩けばダイエットになる」などと、自分に言い聞かせて納得させるのです。

ですから、自分の性格のタイプや資金量と共に、投資で優先させたい点をいま一度、確認しておきましょう。

第5章

NISAで購入できる金融商品

NISA口座を開設した投資家も、一部制限はありますが、株式や投資信託を購入できます。この章では、NISAで購入できる金融商品の種類や選び方などについて解説します。

5-1 株式の種類を知っておこう

POINT
国内株と海外株の特徴を把握しよう

国内株式の特徴

国内株式は、当然ながら、日本の企業が発行している株式です。一般に、株式を上場しているのは、大手の有名企業が多いですから、イメージがつかみやすいです。

また、株価をはじめ、企業の情報も入手しやすいです。その意味では、国内株は比較的投資がしやすいといえます。

わかりやすく、安定的な投資を望む場合、ある程度、名前の通った国内企業の株式に投資するのも一つの方法です。

海外株式の特徴

海外株式は、海外を拠点とする企業が発行している株式です。国内株式に比べれば、入手できる情報が限られますし、あまり聞いたことのない企業の株式もあります。その意味では、初心者は手を出しづらいかもしれません。

しかし、海外の中でも新興国には、近年、急速な成長を遂げている国も少なくありません。そのような国の企業の株式を購入すれば、国内株式より短期間で大きな利益を得られることも十分考えられます。

海外株式で注意したいのは、為替変動です。せっかく利益が出ていても、為替相場が円高に動けば、損失が出てしまうこともあり得ます。

つみたてＮＩＳＡでは、投資信託に投資することで、定期的に株式を購入することになりますので、個別に投資するよりは、リスクを抑えることが可能です。ただし、海外の株を扱う投資信託を購入した場合には、ここで述べたようなリスクがあることも、頭の片隅に置いておきましょう。

5-2 購入する株式の選び方

POINT 銘柄選びに役立つ投資尺度

NISAでは、国内外の株式を購入できます——と言うだけなら簡単ですが、投資の経験が少ない場合は、実際に購入する株式（銘柄）を選ぶ方法がよくわからない、という人もいるでしょう。

そこで、銘柄選択の目安を紹介しておきましょう。

投資尺度って何？

まず、「これ、買ってみようかな？」と思った会社の**投資尺度**を割り出してみましょう。

投資尺度とは、その株を買うかどうかを判断するときの目安に使われる数値です。EPS、ROE、PERなど、だいたいアルファベット三つで呼ばれるものが多いです。

もちろん、これらを計算するだけで的確な銘柄選びができるわけではありません。出てきた数値を、その会社の過去のものと比べたり、あるいは同業他社のものと比べたりして、初めて意味が出てくるのです。

まずここでは、主な投資尺度を紹介しておきましょう。投資尺度はほかにもたくさんありますから、インターネットなどで調べてみるのもよいでしょう。

企業の収益性を見る投資尺度

❶EPS（Earnings Per Share：一株当たり利益）

ＥＰＳは、文字どおり一株に対して企業が上げた利益を測るための指標です。ＥＰＳは、「当期純利益÷発行済み株式数」で算出できます。

ＥＰＳが高い企業は、投資家が出資した資金を使って効率よく利益を上げていると考えられます。ＥＰＳの推移は、企業の安定性を判断する材料となります。つまり、一時的に利益が高い状態にあったとしても、一方で利益がゼロに近い状態の時期や、マイナスの時期など、上下動が激しい企業は、株価に関しても安定性に欠ける可能性が高くなるのです。

一方、ＥＰＳの上下動が少なく安定的に推移している企業は、基本的に安定性が高いと判断されます。したがって、ＥＰＳが少しずつでも右肩上がりになっている企業は、バリュー株（割安株）と見ることも可能です。

なお、ＥＰＳは配当性向の計算にも使われます。ちなみに、配当性向は「**一株配当÷EPS**」で簡単に算出できます。

EPS（Earnings Per Share）

〔EPS（1株当たり利益）の概念〕

$$\text{EPS（1株当たり利益）} = \frac{\text{当期純利益}}{\text{発行済み株式数}}$$

【例】
・当期純利益＝1億円
・発行済み株式数＝500万株
・EPS＝1億÷500万＝20円

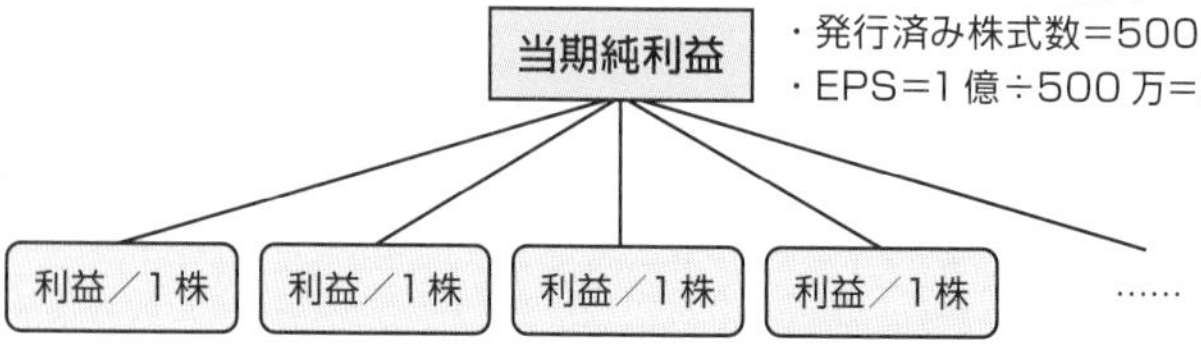

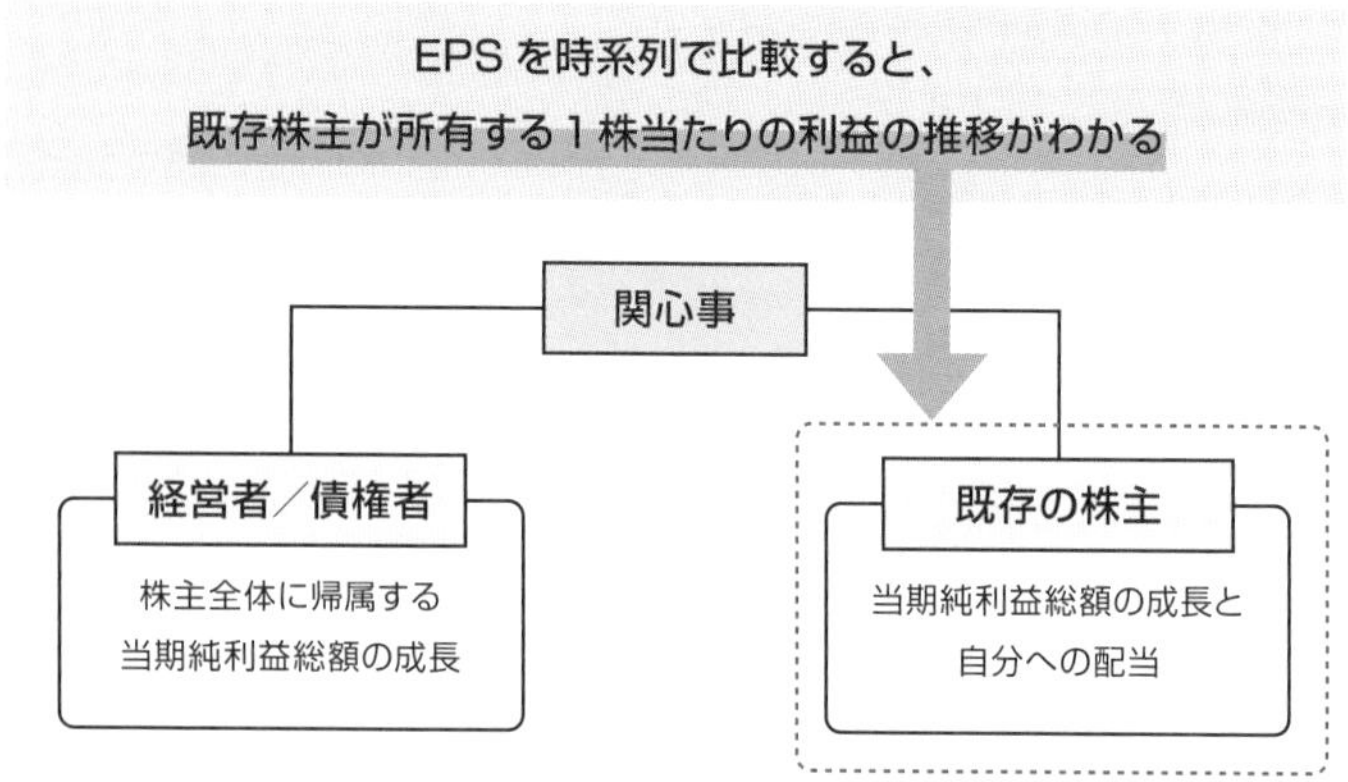

＊**当期純利益**　税引前当期利益から法人税、住民税等を差し引いた最終的な利益のこと。

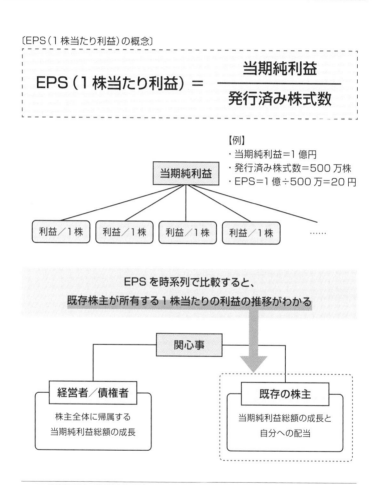

❷ROE（Return on Equity：株主資本利益率）

ＲＯＥを算出すれば、株主資本を使ってどれだけ利益を上げられたかを把握できます。ＲＯＥは、「当期純利益÷株主資本×一〇〇」で計算できます。

当期純利益とは、税引前の当期利益から法人税、住民税、事業税等を差し引いた利益で、損益計算書に記載されています。損益計算書を含め、決算に関する情報は各企業のウェブサイトなどで見ることができます。

株主資本は、貸借対照表の資本の部のうち、資本金、資本剰余金、利益剰余金、自己株式など、株主自身の持分です。

基本的には、ＲＯＥが高い会社ほど経営効率がよく、投資への魅力が大きい会社との判断ができます。一般に日本企業では、一〇～二〇％程度が会社選択の目安とされていますが、欧米企業は、基本的にＲＯＥ重視の方針をとっているため、日本企業より相対的に高い傾向にあります。

割安・割高を見る投資尺度

❶ＰＢＲ＊（株価純資産倍率）

ＰＢＲは、株価を企業の実質的な保有資産の側面から判断するものです。ＰＢＲは、「ＰＢＲ＝株価÷一株当たり純資産」で計算できます。

ＰＢＲは企業の株価と**純資産**＊の関係から株価を評価するものです。純資産とは、会社の総資産から借入金などの総負債を差し引いたものです。一株当たりの純資産は、会社が解散したときに株主に戻ってくるべき金額ということで**解散価値**といわれることもあります。

ＰＢＲは、株価がその会社の一株当たりの純資産の何倍であるかを示しています。計算式は、「株価÷一株当たりの純資産」です。

例えば、一株当たりの純資産が九〇〇円に対して株価が一五〇〇円の場合、一五〇〇÷九〇〇＝一・六六…となり、ＰＢＲはおよそ一・七倍ということになります。

＊ＰＢＲ　Price Book-value Ratioの略。
＊**純資産**　事業活動から得た利益と株主からの出資金を合わせたもので、「自分の資産」のこと。自己資本ともいう。

PBR：株価純資産倍率

〔PBR（株価純資産倍率）の概念〕

$$\mathrm{PBR} = \frac{\text{株価}}{\text{BPS（1株当たり純資産）}}$$

１株当たりの純資産（株主資本）に対し、
何倍の株価で買われているかを示したもの
➡会社の資産内容や財務体質を判断する相対的な指標

【例】
・１株当たり純資産＝900 円　・株価＝1500 円
・PBR＝1500÷900≒1.7 倍

PBR=1　➡　株価と１株当たりの純資産が等しい

↓

もし会社が解散した場合、投資金額が「そのまま戻ってくる」➡リスクゼロこのPBRが一倍の場合は、株価（企業全体で考えると**時価総額**＊）と一株当たりの純資産が等しいことになります。基本的には、PBRが一倍を超えて高くなるほど割高、逆に下回る場合は割安と見なされます。

通常、「PBR＜1」の企業は買収の標的になりやすいといわれています。割安だと買い占めやすいし、その後の失敗リスクも相対的に少ないと考えられるからです。

ところで、PBRも絶対的な基準になるわけではありません。ですから、その値だけで判断するのではなく、次に説明するPERと同じように他の判断材料も踏まえつつ、様々な方面から総合的に検討する必要があるといえるでしょう。

❷PER＊（株価収益率）

PERは、現在の会社の収益力や株価水準が妥当かどうかを判断するための指標です。PERは、「株価÷EPS（一株当たり利益）」で計算できます。

仮に現在のA社の株価が二〇〇〇円で一株当たりの利益が二〇〇円だったとします。すると二〇〇〇÷二〇〇＝一〇となり、A社のPERは一〇倍ということになります。

＊**時価総額**　上場企業の株価に発行済株式数を掛けたもので、企業価値の評価指標の一つ。
＊**PER**　Price Earnings Ratioの略。

PER：株価収益率

〔PER（株価収益率）の概念〕

$$\text{PER} = \frac{\text{株価}}{\text{EPS（1株当たり利益）}}$$

会社の収益力、株価水準の妥当性を判断。
倍率が高いほど「割高」。低いほど「割安」

【例】
・EPS＝1億÷500万＝20円
・株価＝600円
・PER＝600÷20＝30倍

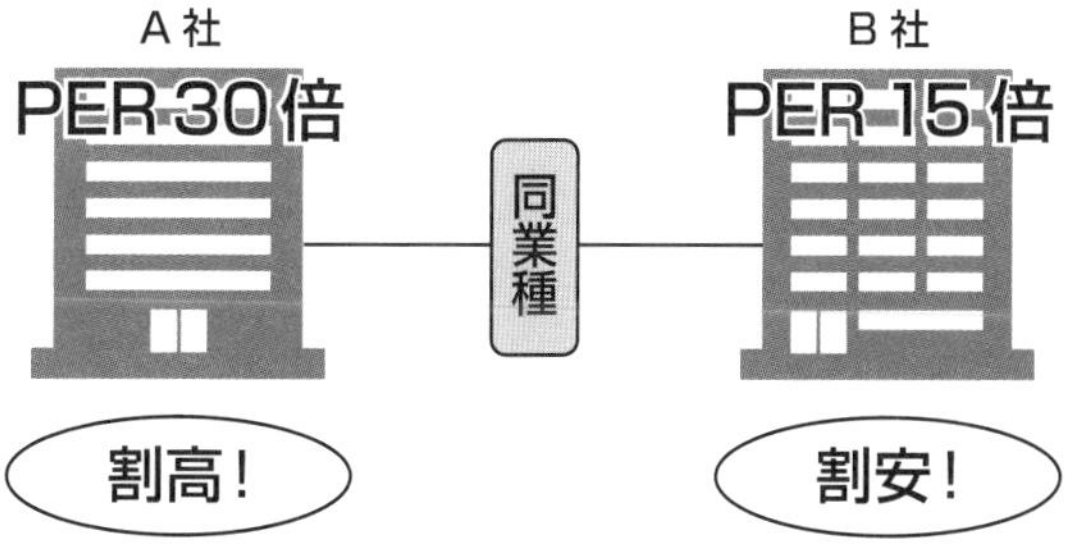

PERの水準は、業種や企業状況によって異なる。
A社のPERが割安かどうかを判断するには、同業種同士の比較や、
A社の過去の水準との比較をしなければならない

株価自体、投資家の思惑により上下動するので、
業績が右肩上がりの企業については、期待を反映してPERが
市場平均より高くなることもあるため、注意が必要

例えば、先に登場したA社の来期の一株当たり利益の見通しが三〇〇円とすれば、三〇〇円×一〇＝三〇〇〇円となり、三〇〇〇円まで株価が上昇する可能性があるため、現在の株価は割安という解釈もできます。ただし、A社のＰＥＲは二〇倍でも、同じ業界の他の会社のＰＥＲは平均で一五倍前後であれば、この会社のＰＥＲを割高と見なせる場合もあるでしょう。

このように、ＰＥＲの数値を絶対的な判断指標とするのではなく、同業他社や過去の水準、将来の競争優位性や予想利益などを比較・勘案して相対的に判断するのが妥当です。

5-3 投資信託の基本的な考え方

POINT 投資信託の基本は分散投資

卵は一つのカゴに盛るな

投資信託は分散投資を念頭に置いて設計されているので、ハイリスク過ぎない点が優れています。それは言い換えれば、投資に関する有名な格言である「**卵は一つのカゴに盛るな**」という考え方にもとづいています。

卵はとても栄養価があって美味しい食べ物ではありますが、たいへん割れやすいという欠点を持っています。その割れやすい卵（投資資金）をすべて一つのカゴ（投資対象銘柄）に盛っていたとしたら、どうなるでしょう。もし、そのカゴを落としたら、すべての卵（投資資金）が一瞬にして失われてしまうことになります。

卵は１つのカゴに盛るな

相場の格言の１つ。
分散投資でリスクを軽減すべき、という教え

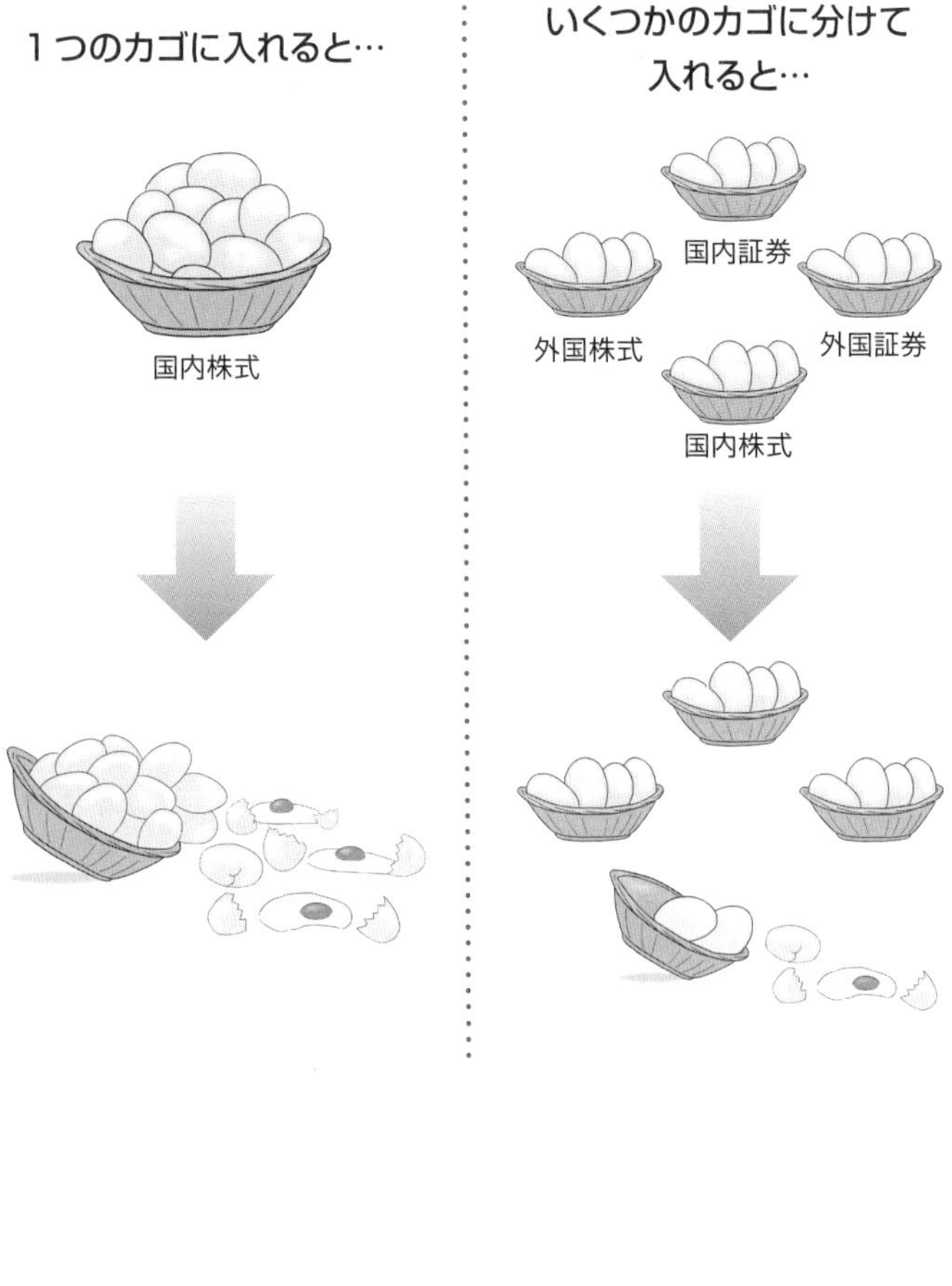

あなたが、例えば新興国株だけに資金を投資していた場合、新興国株の暴落が起きたら、投資資金の大半を失ってしまうことでしょう。

しかし、新興国株だけではなく、それとまったく連動しない米国株にも投資資金を分散していたとしたら、どうでしょう。おそらくあなたの投資資金がほとんど失われるという事態は避けられるでしょう。投資信託の基本もそこにあるのです。

NISA／つみたてNISAの情報スマホサイト（その1）

◀SBI証券

◀モーニングスター

NISA／つみたてNISAの情報スマホサイトの事例です。画面から申し込みができるサイトもあるので、いろいろのぞいてみましょう。

5-4 投資信託で稼ぐための二つの方法

POINT 基本は譲渡益と分配金

譲渡益と分配益の違い

投資信託で稼ぐには大きく分けて二つの方法があります。一つは**譲渡益**（売却益）で稼ぐ方法であり、もう一つが**分配金**で稼ぐ方法です。

前者を**キャピタルゲイン**、後者を**インカムゲイン**と捉えてもよいでしょう。

譲渡益とは文字どおり購入した投資信託を買ったときよりも高く売ることで得られる利益です。当然のことですが、できるだけ安いときに買い、できるだけ高くなったら売ることで得られる利益です。

また分配金とは、株式における配当金のように一定期間（一か月、半年、一年など）の運用を通じて得られた利益が、投資した顧客に分配されるお金です。

ただし、分配のあり方は運用益をそのまま分配するタイプ（普通分配金）や、元本を割っても元本から払い戻すかたちで分配するタイプ（特別分配金）など多彩です。途中では分配金をいっさい分配せずに、運用成果をそのまま次の投資へと振り向けるタイプもあります。

なお、投資信託にはあらかじめ運用期間が定まっているものとそうでないものがあります。前者の場合、運用期間終了時に計算のうえ、まとめて**償還金**《しょうかんきん》として払い戻されます。

NISA／つみたてNISAの情報スマホサイト（その2）

◀楽天証券

◀三井住友銀行

NISA／つみたてNISAの情報スマホサイトの事例です。画面から申し込みができるサイトもあるので、いろいろのぞいてみましょう。

5-5 投資信託のメリットとデメリット

POINT 四つのメリットと三つのデメリット

投資信託のメリット

投資信託のメリットとしては、規模の経済性やリスク軽減など個人投資家にとってのメリットがあります。それぞれのメリットを見てみましょう。

❶スケールメリット

スケールメリットとは、「**規模の経済性**」ともいい、規模が大きくなることで得られるプラスの効果のことです。この場合は、資金額に対するスケールメリットを指しています。

投資信託では、個人個人の出資金は通例、それほど多額ではありませんが、多くの個人からの資金を一つに寄せ集めることで、かなりまとまった金額にすることができます。

そうすると、個人の小口の資金では投資できないような短期金融商品やデリバティブ（金融派生商品）、大型不動産などに対する大口投資が可能となります。これは、個人では得ることのできないメリットであり、投資信託以外ではなかなか得ることはできません。

❷リスク軽減メリット

投資信託は、いわば株式や債券などのパッケージ商品です。必ず複数の銘柄に分散投資することが前提となっています。

通例、資金力に乏しい個人投資家としては、なかなか分散投資は難しいのですが、投資信託に投資すれば、それだけで必然的に分散投資をしたことになります。

分散投資によって、どれか一つの銘柄で損失が出ても、その他の銘柄で出た利益で損失を相殺することも可能です。したがって、分散投資ができれば、そのぶんリスクの軽減につながるというわけです。

ちなみに、分散投資には、商品で分散する方法や、業種で分散する方法、国で分散する方法などがあります。

❸投資のプロによる運用メリット

よほどの投資経験を持っている人でない限り、個人の力では、情報収集や投資判断には限界があります。しかし、投資信託に投資すれば、資産運用会社に所属する専門家、すなわち、ファンドマネジャーという投資のプロに自分の資金を運用してもらえることになります。

ですから、個人にとってまったく馴染みのない商品にも投資することが可能です。

特にデリバティブなどの金融商品では高度な運用知識や豊富な情報源が必要となりますので、投資信託においてファンドマネジャーを有効活用できるというメリットは極めて大きいといえます。

❹少額から始められるメリット

驚く人も多いようですが、投資信託では取扱金融機関によっては、なんと毎月一〇〇円からの積み立てでも運用を始めることができます。

もちろん、少額積み立ての場合、当初はそれほど大きな金額にはなりませんが、それでも利回りは通常の銀行預金などよりは、はるかに高いのがふつうなので、一〇年とか二〇年といった長期に積み立てていけば、やがて積立額の倍以上に膨れ上がることも十分あり得るのです。

投資信託のデメリット

❶元本は保証されない

投資信託には、前述のような数々のメリットが期待されますが、やはり相応にデメリットもあるので注意が必要です。デメリットの中でも最大のものは、元本が保証されていないということです。せっかく一〇年、二〇年と長年にわたって積み立ててきたのに、いざ受け取る段階になると、受取金額が銀行で定期預金していた場合より少なくなる、といったケースもないとはいえないのです。

つみたてＮＩＳＡでは、金融庁によって比較的安全性の高い投資信託が厳選されていますので、その可能性は高くはありませんが、そのようなリスクがあることも知っておきましょう。

❷任せた以上、投資家自身の権限はほとんどない

すでに説明したとおり、投資信託では、投資家が出したお金を投資家自身ではなく、資産運用会社が運用します。つまり、投資判断や具体的な運用は投資家ではなく、基本的には資産運用会社が行うわけです。

さらに資産運用会社のプロが、想定した利益を狙うのに有益と見込んだ（投資信託のパッケージ中の）銘柄を選択する権限も、投資家にはありません。つまり、資金運用に関しては、投資家はほとんど権限を持っていないのです。

そして、資産運用会社による運用で万が一損失が出た場合でも、投資家は投資をファンドマネジャーに任せた以上、その責任を資産運用会社に求めることはできません。

❸様々なリスクがある

投資信託の市場での運用には様々なリスクが付きまといます。例えば、リーマンショックのような世界的な大問題が生じると、どれほど優秀なファンドマネジャーが担当していても、ほとんどのケースで運用実績は悪化するものです。特にハイリスク・ハイリターン型の投資信託を選択した場合には、儲けの部分だけではなく、損失の可能性についてもしっかりと理解しておくことが大切です。

投資信託には、価格変動リスク、金利変動リスク、為替変動リスク、信用リスクなど、様々なリスクがあります。通例、ハイリターンなものほど、ハイリスクになる傾向があります。

投資家側には、運用に細かく口出しする権限はほとんどありませんが、途中解約は可能です。すべて

投資信託のメリットとデメリット

メリット

- スケールメリット
- リスク軽減メリット
- 投資のプロによる運用メリット
- 少額から始められるメリット

デメリット

- 元本は保証されない
- 投資家自身の権限はほとんどない
- 様々なリスクがある

ふむっ
メリットとデメリットの両方を見ておかないとね

を運用会社に任せっきりにするのではなく、自分でもある程度、投資信託の市場動向の把握に努め、状況が悪化していると判断したら、途中解約などの手段を講じることも検討すべきでしょう。

あなたがものぐさな性格だとしても、少なくとも一週間に一度くらいは、新聞やインターネットで経済動向や自分が買っている投資信託の銘柄の動向を見るようにして、相場動向についての勘を養っておくことをおすすめします。

5-6 投資信託の種類

POINT 難易度によってバランス型、パッシブ型、アクティブ型に分類される

投資経験によって難易度を選択する方法も

投資信託は、難易度によって分類されることもあります。

新しくＮＩＳＡを始めようという人の中には、まったく投資は初めてという初心者から、投資信託程度ならやったことがあるという中級者、そしてコモディティやＦＸ（外国為替証拠金取引）のような極めてハイリスク・ハイリターンな投資を長年経験している上級者まで、様々な人がいると思われます。

そこで、投資に関する経験の有無によって投資の難易度に応じたタイプを選ぶのも一つの方法です。

例えば、投資信託の中には、**バランス型**と呼ばれるかなり初心者向けの投資信託もあれば、株価などの指数に連動した適度な儲けを狙う**パッシブ型**と呼ばれる初・中級者向けの投資信託もあれば、あえてリスクをとって平均以上の儲けを積極的に狙いに行く**アクティブ型**と呼ばれる上級者向けの投資信託もあ

投資信託のリスクの程度による分類

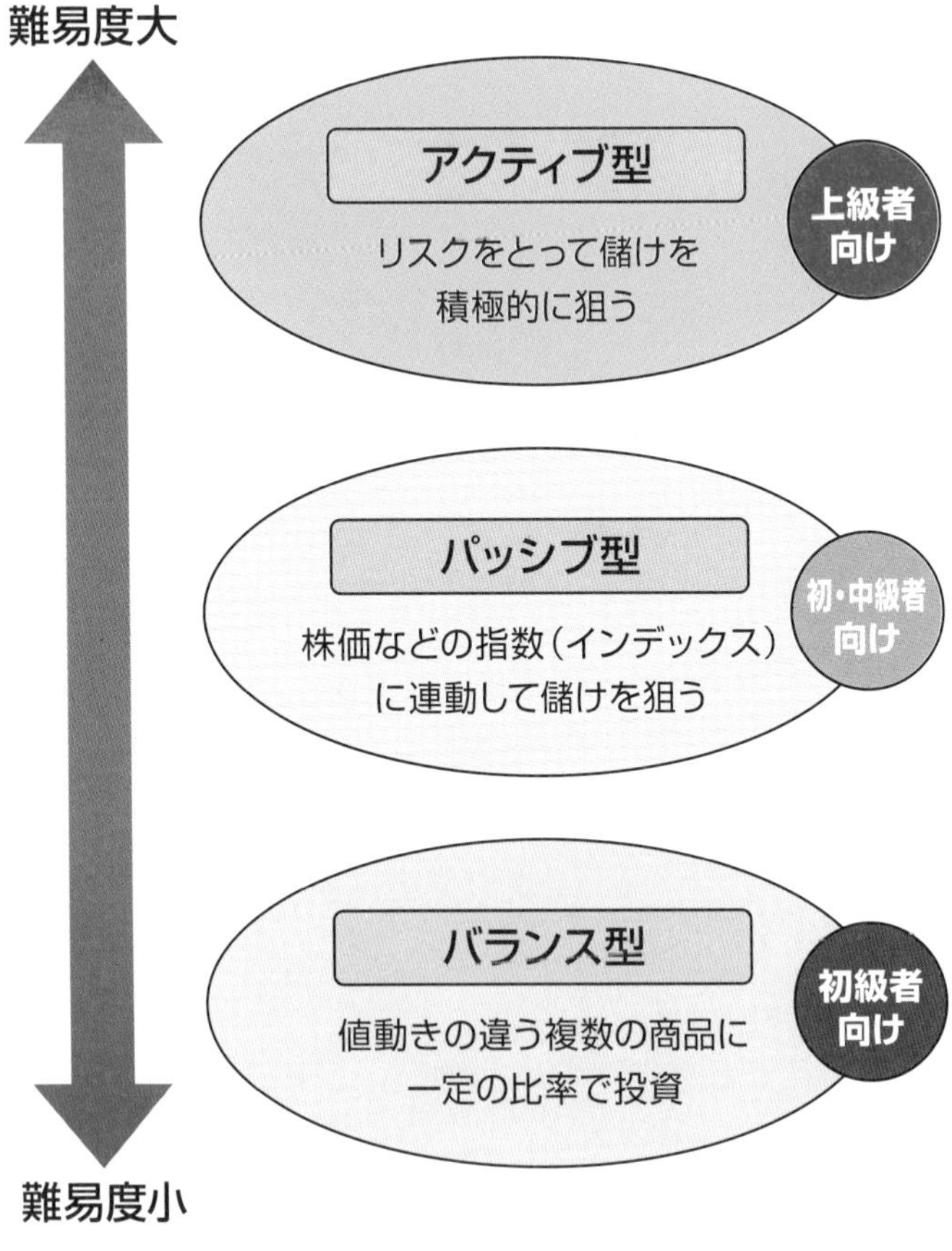

※難易度に関する分類は運営管理機関によって
異なるので、事前に確認しよう

ります。

なお、難易度に関する分類は、運営管理機関によって呼び方が違うことがありますので、投資信託の選定をする際には、しっかり確認しておきましょう。

初心者向けのバランス型

バランス型とは、国内や海外の株式や債券など値動きの違う商品を、あらかじめ一定の比率でパッケージ化した投資信託です。それには、国内株式を中心としたタイプ（**国内株式中心型**）や国内債券を中心としたタイプ（**国内債権中心型**）、あるいは国内と海外の株式・債権等を等しい比率で取り込んだタイプ（**均等配分型**）など、いくつか種類があるのがふつうです。

また、ややレベルは上がりますが、景気や市場の変化に応じて臨機応変に投資銘柄を微調整するタイプ（**タクティカル・アセット・アロケーション型**）もあります。

「バランス型」と呼ばれるくらいですから、例えば、国内株式が下落しても海外の株式や債券等の上昇でカバーできることもあり、比較的バランスのとれた安定的な運用が見込まれます。その意味で、バランス型は初心者に向いている投資信託といえるでしょう。しかし逆にいえば、一方の儲けが他方の損失で相殺されるため、大きな儲けにはつながらないことになります。

なお、運営管理機関連絡協議会の統計によれば、企業型の確定拠出年金と個人型のそれとを合わせた投資信託残高全体の約三割がこのバランス型とのことです。

中級者向けのパッシブ（インデックス）型

パッシブ型とは、ある程度リスクを抑えて、ほどほどの儲けを取りに行く、いわば、ミドルリスク・ミドルリターン型の投資スタイルです。具体的には、**日経平均**や**TOPIX**などのベンチマーク（目標とすべき基準）となるインデックス（指数）の動きに合わせた儲けを狙っていくかたちとなります。

そのため、パッシブ型を、インデックスと連動している点を強調して、**インデックス型**と呼んでいる運営管理機関もあります。

パッシブ型では、一般に手数料もそれほど高くは設定されていません。一般にパッシブ型に比べてアクティブ型のほうが手数料面で割高となっているため、アクティブ型の運用成績がパッシブ型のそれを最終的に下回るケースも少なくないといわれています。

上級者向けのアクティブ型

アクティブ型は、パッシブ型とは異なり、その名のとおり積極的に高いリターンを取りに行く投資スタイルです。あえて値動きの激しい商品を組み込み、**日経平均**や**TOPIX**などのベンチマークとするインデックス以上の儲けを狙っていくかたちとなります。

もともと投資信託自体がリスク分散の考え方を取り入れた金融商品ですので、一攫千金を狙う、とまではいえませんが、うまく運用できれば、老後に受け取れる金額はバランス型やパッシブ型の投資信託よりはるかに大きくなることも期待できます。

そうなると、将来的に元本をはるかに上回るほど大きな利益が獲得できる可能性も出てきます。

ただし、受け取れる儲けの大きさと損失を被るリスクとは常に背中合わせなので、実際には読みが外れて、最終的に元本を大きく下回って終了というケースもないとはいえません。また、運用にかかわる手数料は儲けを狙えるぶん、バランス型やパッシブ型の商品に比べて、かなり割高に設定されているのがふつうです。

大きな儲けが狙えるぶん、値下がり損や手数料による損失も勘案しなければならないため、アクティブ型は初心者向けではなく、上級者向けの投資スタイルといわれています。

5-7 ETFの特徴

POINT ETFは上場されている投資信託

ETFは株と投資信託の「イイとこ取り」の商品

ETFはExchange-traded Fundの略で、証券取引所に上場されている投資信託のことです。日本語では、**上場投資信託**（上場投信）とも呼ばれています。簡単にいえば、ETFは、投資信託と株式の「イイとこ取り」をしている金融商品といえます。

ETFは多くの場合、株価指数や商品価格、商品指数などに連動するようにつくられています。例えば、日本で有名な株価指数連動型上場投資信託の場合、日経平均株価やTOPIXといった特定の株価指数に連動するように設計されています。

仮に日経平均株価に連動するETFに投資した場合、日経平均株価が安いときに買っておき、高くなったところで売れば、その差額が利益となるわけです。

他の金融商品と同じく価格変動リスクはあるのですが、取引所に上場されているために価格がつかみやすく、取引時間中はいつでも取引できます。

さらに平均株価や株価指数に連動するということは、結果的に複数の会社に分散投資することになります。

このように考えてくると、ＥＴＦは株式投資のように自由に売買できて、それでいながら投資信託のような分散投資効果も見込める投資対象といってよいでしょう。そのためＥＴＦは、個別の株を買うよりも、コストが安くリスクが低減される効果が期待できるとされています。

5-8 ＥＴＦと投資信託の違いは？

POINT

ＥＴＦは株式に近い

ＥＴＦと投資信託の違い

ＥＴＦは、「…投資信託」という名前は付いていますが、その仕組みはどちらかといえば、株式に近いといえるかもしれません。主な違いは以下の四点です。

❶形態

投資信託は投資信託会社や銀行などが販売する商品であるのに対し、ＥＴＦは証券取引所に上場されています。現在は、連動する株価指数等によって異なりますが、基本的に東京証券取引所と大阪証券取引所のいずれかに上場されています。

❷レバレッジ

投資信託には、基本的に**レバレッジ**という概念がありません。しかし、ＥＴＦの場合は、信用取引を利用すれば、最大三倍程度のレバレッジをかけることが可能です。

❸相場下落に対する対応度

ＥＴＦは、信用取引を利用して、売りからも入れるため、相場が下落した際も対応が可能です。

一方、投資信託の場合は、相場が下落しても、手放すなどの方法以外に対応策はありません。

❹コスト

コスト面について、ＥＴＦと投資信託を比べてみましょう。

投資信託では、信託報酬率は一・五〜二％程度が相場です。また購入手数料については、高いところだと購入金額に対して二〜三％程度が相場ですから、合わせると五％程度のコストがかかる計算になります。

一方、ＥＴＦでは、信託報酬率が高くて年率〇・二五％程度です。ネット証券などを利用すれば、かなり安く抑えることが可能です。

5-9 バフェットに学ぼう！ 長期投資のコツ

POINT
長期投資を信条とするバフェット氏

投資の神様、ウォーレン・バフェット氏

投資の世界で「神様」と呼ばれ、多くの投資家が参考にしているのが、ウォーレン・バフェット氏です。バフェット氏の投資哲学に学ぶことはとても有意義だと思われます。

バフェット氏は、株式投資だけで数兆円にのぼる個人資産を築き、長年にわたって、アマゾン・ドット・コムCEOのジェフ・ベゾス氏やマイクロソフト創業者のビル・ゲイツ氏などと並んで、世界の長者番付の首位グループにに入っています。その投資哲学も独特のものがあります。

バフェット氏は、徹底して長期保有を貫きます。

「一〇年間持ち続けるつもりでなければ、一〇分間でも株を持ってはいけない」と述べています。

しかし、ただ適当に買ってずっと持っていなさい、という意味ではありません。

そこには、次のような条件が付いています。

「……優れた会社の株なら、買いかえる必要などない」

事実、バフェット氏自身も、コカ・コーラやP&G（プロクター・アンド・ギャンブル）、アメリカン・エキスプレスなど、超優良企業の株をずっと持ち続けています。

その投資行動の裏には、「優良企業は、短期的にはどうであれ、長期的には投資家の期待に応えてくれるもの」という固い信念があるからです。

自分が理解できる事業の株式を買う

それから、自分がわからない事業を行っている会社にも手を出しません。バフェット氏が、絶対にハイテク株を買わなかったのは、自分がその業界に明るくなかったからです。

バフェットの投資手法

長期保有
自分で理解できる事業の株を買う
経営者の人格を重視
なるべく割安の株を買う
マニュアルレポートを徹底的に読む

その一方で、バフェット氏は経営者の人格を重視します。たとえ先行きに明るい条件が揃っている会社でも、経営者が誠実でなければ投資しないのです。

経営者が誠実なら、その人物は合理的な考えができ、株主やステークホルダー*、ひいては社会全体のことを考えるはず。ひいてはそれが、会社のサステナビリティ（持続可能性）を高めることにもつながる――と考えるからです。

それから、ブランドやポジショニングも重視します。**ポジショニング**とは、その商品の対象となる消費者に自社のイメージを明確に位置付ける作業です。

ポジショニングができていれば、「コカコーラ＝世界的な清涼飲料メーカー」「マイクロソフト＝世界的なＯＳメーカー」というように、社名とよいイメージとが明確に結び付くので、安定的な利益につながるというわけです。

バフェット氏は、株式を買う場合、**アニュアルレポート**（年次報告書）を徹底的に読み込んで、その会社の財務内容を入念にチェックします。特にＲＯＥ（５-２節）に着目しています。これが高いほど、会社が資金を効率よく使っていると判断できるからです。

＊ステークホルダー　企業や組織の利害関係者の総称。企業であれば、従業員、株主、仕入先、顧客などのこと。

そして、バフェット氏は、買い値にもこだわります。これまでに述べたような特徴を備えた会社の株を、なるべく割安な値段で買うのです。

言い換えれば、**グロース投資**＊と**バリュー投資**＊を組み合わせた手法をとっているというわけです。

株式市場に限らず、ほとんどの相場が短期的には激しい動きをしても、長期的に見ると徐々に元の水準へと戻っていきます。

バフェット氏は、優良企業の株が、一時的な不運（金融危機、業界の不振、企業不祥事など）に見舞われて、株価が急激に下がったところを買うことで有名です。

その企業が真の優良企業であれば、株価は徐々に元の水準、つまり、株価が高かった頃の水準に戻る可能性が高いという考えも成り立ちます。事実、バフェット氏が兆単位の財産を築いたのも、こうした手法を愚直に貫いてきたからといえます。

このバフェット氏の考え方は、NISA、特につみたてNISAを運用する際に、十分参考になることでしょう。

＊**グロース投資**　成長株（成長企業の株式）に投資するスタイル。グロースは成長（growth）という意味。
＊**バリュー投資**　企業価値から見て割安な株式に投資するスタイル。

第6章

投資の留意点

投資は、お金を増やす有効な手段ではありますが、留意点もあります。この章では、NISAを含む投資全般において、ぜひ留意していただきたい事柄を述べたいと思います。

6-1 余裕資金で行う

POINT 投資を始めるとき、絶対に守るべきこと

相場の格言に見る投資の心得

将来に備えて投資を考えることは大切です。とはいえ、投資に資金を使い過ぎてしまったがために生活が立ち行かなくなっては本末転倒です。そこで、投資にあたっては、投資に回せる余裕資金をあらかじめ計算しておかなくてはなりません。

「いのち金には手をつけるな」という相場の世界の格言をごぞんじでしょうか。

いのち金とは、命のように大切なお金、つまり生活資金や子どもの学費、あるいは老後の資金などなくてはならない資金です。

投資を行う際には、このような重要な資金には絶対に手をつけてはなりません。ましてや借金は論外です。借金で投資して大きく負け越した場合、返済に追われると、ますます冷静な判断ができなくなり、ずるずると損を抱え込んでしまうことになるからです。

特にハイリスク・ハイリターンな投資商品に借金で参加しようものなら、投資だけでなく、生活そのものが破綻することさえ、十分にあり得るのです。

また、たとえ余裕資金を投資に振り向ける場合でも、必ず上限を決めておきましょう。投資に回すのは五〇万円まで、というように上限額を決めるか、預金の一〇％以上は手をつけないなどと、割合を決めておく方法があります。

資金の分類

投資に使える資金を考える際、まず、確保しておく資金を検討します。

まずは**生活防衛資金**を検討します。生活防衛資金とは、急な病気やケガなど、突発的なアクシデントが起きたときに生活を維持するための資金です。何かあった場合の取り崩し用資金といえます。

資金の種類

生活防衛資金

急な病気なケガなど
突発的なアクシデントが
起きたとき生活を
維持する資金

準備資金

子どもの教育資金、
住宅資金　など

投資用資金

投資に費やす
資金

生活防衛資金と
準備資金を確保
することが大切だね

次に、**準備資金**を検討します。これは、子どもの教育資金や住宅資金などに備えた資金です。これらを考慮したうえで、**投資用資金**として毎月いくら確保できるかを決めるとよいでしょう。

将来のために投資が有効なことに変わりはありません。基本的に、投資は、費やす資金が大きいほど、投資効果も大きくなる傾向にあります。しかし、投資である以上、元本割れのリスクがあることは否めません。あくまでも投資は余裕資金で行うようにすることが大切です。

6-2 投資資金は、少しずつ増やす

POINT 最初から多額の資金を投じない

肩慣らしが大切

「少しでも早く多額の利益を手にしたい」などという理由で、投資を始めて間もないのに、多額の資金を投じる投資家をときどき見かけます。特に一攫千金を狙おうとする人などは、この傾向が強く見られます。

しかしながら、それは無謀なことというしかありません。はじめはバーチャルトレードで十分肩慣らしをしてから、テストトレード的に、最小単位の売買から始めて、値動きのパターンや変動幅などを体感しながら徐々に取引量を増やしていくほうが無難です。

テストトレードとはいえ、実際に自分のお金を使った投資ですから、それを通じて様々な経験ができるし、相場観も養えます。

経験を積み、売買のタイミングなどを十分に体得したうえで本格的な投資を始めるのです。そうすれば、突発的な動きにも比較的上手に対応できるのではないでしょうか。

6-3 勘や感情は排除する

POINT 客観的な姿勢が大切

感情を排除する工夫を

投資をする際は、どうしても感情が入ってしまうものです。言い換えれば、相場は、投資家たちの感情で動いているといっても言い過ぎではないでしょう。

ここでいう「感情」とは、「なんとなく、値上がりしそう」とか「ここで損切りしたあと、相場が回復したら悔しい」などです。

冷静な判断を貫く自信がない、という人は、取引に感情を入れずに済むような仕組みづくりをするのも大切です。例えば、冷静に分析した結果を自動売買に託し、大きな損失を出さないように工夫するとか、分散投資をするといった方法が考えられます。

勘や感情はNG

（根拠はないが）
値上がり
するかも…
これだけ下がった
のだから、
そろそろ下げは
おさまるはず
いま、損切りして
相場が回復
したら悔しい

6-4 分散投資は、適正な範囲にとどめる

POINT 大切なのは「いかに管理するか」

分散投資はほどほどに

気配りができる人は、投資においてもある程度目配りができるので、リスク軽減の効果を狙って分散投資を進める傾向があります。それは適正な範囲で行われる限り、基本的に正しい行動といえます。しかし、あまりに手を広げ過ぎると、リスクが軽減するどころか、かえって増加してしまうことも事実です。

例えば、下駄箱の中にあふれるほどの靴が入っている家があります。お店で靴を見るたびに、「これ、かわいい」とか「これをはくと、歩きやすそうだ」などと思って、その都度、購入したのでしょう。しかし、いざ出かけるときになると、着ている洋服に合う靴が一足もないことが多いのです。つまり管理ができていないために、そのようなことになるわけです。だから、同じ靴を二回買ってくるなどという

ことが起きたりします。それも、管理ができていないからなのです。

投資も同じで、取引は続いていても、適切に管理していなければ、売買のタイミングだけでなく、その**ポジション（建玉《たてぎょく》）**＊に資金をつぎ込むべきか、あるいは資金を引き揚げるべきかといった判断もつかなくなってしまいます。

かのウォーレン・バフェット氏も、管理できないほどの銘柄に手を出すことを戒めるために、次のような発言をしています。

「**分散は無知な人が行うリスク回避であって、本当に株に詳しいなら分散投資の必要はない**」

一つの投資対象に絞る必要はありませんが、分散投資は、あくまでも自分が管理できる適度な範囲にとどめるのが賢明です。

＊**ポジション（建玉）**　取引成立後、未決済になっている契約。

6-5 ネットの操作は、慎重にする

POINT 一つの操作ミスが大損につながることも

落ち着いて操作しよう

最近は、ネット取引ができる金融商品が非常に多くなりました。ネット取引は、時間や場所に制約されず、インターネットの知識と設備さえあれば、いつでも取引できるので、非常に便利です。

ただし、便利であるがゆえに怖いところもあります。パソコンのフリーズ（急に止まること）と、操作ミスです。常にメンテナンスを心がけましょう。せっかく思惑どおりに相場が動いても、いざ売買するときにパソコンが止まってはせっかくのチャンスを失ってしまいます。

また、ボタンをたった一回押してしまえば、たとえ、その操作が自分の希望どおりでなかったとしても、何十万円、何百万円というお金が動いてしまいます。

最近は、ケアレスミスを防ぐような仕組みを取り入れた取引ソフトが多くなってはいますが、それでも、注文ボタンを押す前には、内容を念入りに確認することが大切です。

特に、相場が急変したり、損失が拡大するのを少しでも早く食い止めようと急いで決済したいときなどは、気が動転してケアレスミスを犯しやすくなりますので、落ち着いて操作することが大切です。

買うはずだったのに
「売」を押して
しまった…
Enter

索　引

●著者紹介

宮﨑　哲也（みやざき　てつや）

福岡大学大学院商学研究科博士課程修了。福岡大学講師、九州情報大学大学院教授を経て、大阪国際大学・大学院教授に就任。「マーケティング」「グローバルビジネス」などの講義を担当している。また講義や研究のかたわら、経済、経営、自己啓発関係の執筆、および講演活動等を行っている。

著書は『はじめての「マーケティング」1年生』（明日香出版社）、『引き寄せ力がぐ〜んとアップする魔法の言葉』（TAC出版）、『コトラーのマーケティング理論が面白いほどわかる本』（中経出版）、『新しい大衆「ロウアーミドル」はこうしてつかめ！　格差時代を生き抜くマーケティング』（PHP）、『世の中のことがよくわかる　経済ニュースの教科書』（ナツメ社）ほか多数。

ウェブサイト：http://tezya.sakura.ne.jp/

●本文イラスト

田中ヒデノリ

図解《ずかい》ポケット

はじめてのNISA《ニーサ》

発行日　2020年　2月　3日　　第1版第1刷

著　者　宮﨑《みやざき》　哲也《てつや》

発行者　斉藤　和邦

発行所　株式会社　秀和システム

〒135-0016

東京都江東区東陽2-4-2　新宮ビル2F

Tel 03-6264-3105（販売）Fax 03-6264-3094

印刷所　日経印刷株式会社　　Printed in Japan

ISBN978-4-7980-5846-7 C0033